KB038527

부스팅

부스팅
고객을 창출하는 회의법

초판 1쇄 인쇄 2023년 5월 18일
초판 1쇄 발행 2023년 5월 25일

지은이 다카하시 데루유키
옮긴이 손가연

책임편집 김희정
디자인 박은진
마케팅 총괄 임동건
마케팅 지원 안보라
경영 지원 이순미

펴낸이 송준기
펴낸 곳 파지트
출판 등록 제2021-000049호
제작 지원 플랜비디자인

주소 경기도 화성시 동탄원천로 354-28
전화 070-7672-1001 **팩스** 02-2179-8994
이메일 pazit.book@gmail.com

ISBN 979-11-92381-62-6 03320

- 이 책 내용의 일부 또는 전부를 재사용하려면 반드시 저작권자와 파지트 양측의 동의를 받아야 합니다.
- 책값은 뒤표지에 있습니다.

BOOSTING

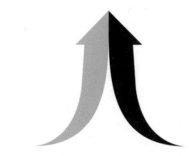

고객을 창출하는 회의법

부스팅

다카하시 데루유키 지음 | 손가연 옮김

pazit

이 책은 대부분 회사에서 대표적 유사類似 일로 지칭되는 회의를 진짜 일로 바꾸는 방식에 관한 혁신서이다. 회의를 통한 문제 해결 방식에 대한 발상의 전환을 적용하여 조직이 변화하고 성장한 사례들을 구체적으로 제시하고 있다. 이 책은 자신의 귀찮은 일을 처리하기 위한 회의가 아니라 고객의 아픔을 해결하기 위한 회의가 어떻게 혁신적이고 창의적으로 재구조화되어야 하는지에 관한 과정과 사례를 설득력 있게 제시하고 있다.

최종 결과에 대한 비주얼라이제이션을 기반으로 필요한 것을 강화하고 불필요한 것을 과감하게 잘라내야 하는 팀장과 회사의 중역, CEO들이 읽었으면 하는 책이다.

— 윤정구 교수, 이화여대 경영대학

바뀌어야 할 것은 회의 방식이 아니라 '조직원들의 머리를 쓰는 법'!

이 책을 관통하는 문장이다. 최근 회의 문화 개선을 위해 각 기업들이 회의 방식을 바꾸기 위해 많은 노력들을 하지만 대부분 실패로 돌아가곤 한다. 회의 문화 개선의 본질은 회의 방식에 앞서서 구성원들이 다양한 아이디어를 눈치 보지 않고 마음껏 이야기 하고, 실제 아웃풋을 만들어 내는 과정으로서 회의의 목적을 분명히 해야 한다는 것이 마음에 와 닿는다.

회의는 없애야 할 대상이 아니다. 조직 내 소통이 없다면 조직이라고 볼 수 없기 때문이다. 이 책은 단순히 회의 방식에 대한 개선을 넘어서, 어떻게 하면 조직의 집단지성을 발현하기 위해 본질에 맞게 준비하고 효과적으로 운영할지에 대한 구체적인 노하우를 제시해 준다. 이 시대를 살아가는 리더 및 조직 구성원들이 반드시 일독해 보아야 할 책이다.

— 김웅배 코치, LG인화원 코칭 College

우리는 매일 문제 해결을 위해 회의를 한다. 이 책에서는 회의의 목적을 어디에 두어야 하는지 알려주고 막연했던 회의의 이미지를 선명하게 보여준다. 복잡성이 증가한 환경 속에서 이전과는 다른 문제들을 다양한 구성원들과 디스커션을 통해 합의하고 새로운 가치를 만들어야 하는 요구 속에 살고 있다. 어떻게 회의를 준비하고 이끌어야 하는지 조곤조곤 설명해 주는 책! 회의의 프로세스는 물론 회의에 참여하는 구성원들의 사고를 확장시키고 구조화하는 스킬까지 풍성하게 담았다. 매일하는 회의를 차원이 다르게 접근하고 싶은 사람이라면 꼭 읽어야 할 책!!

— 윤소겸 매니저, SK텔레콤 리더십육성팀

머리말

경영학의 신은 이렇게 말했습니다.

"기업의 목적은 고객 창조에 있다."

여기서 경영학의 신은 전 세계 경영자들에게 큰 영향을 끼친 위인 '피터 드러커'를 말합니다.

과거 우리는 자동차, 오토바이, 가전, 게임, 애니메이션 등, 많은 분야에서 사람들의 마음을 설레게 하는 것을 만들어냈고, 전 세계적으로 감동받은 고객을 창조하며 재팬 브랜드를 구축했습니다.

하지만 지금은 어떤가요?

눈앞의 일에 쫓기고, 수치를 올리는 것에만 정신이 팔려 의미 없이 바쁜 하루하루를 보내고 있지 않나요?

사람 마음을 강하게 감동시킬 만한 것을 만들어내고 계신가요?

언론에서 "일본에서 GAFA*가 나오지 않는다.", "세계 무대에서 활약하는 일본인이 적다."라는 글을 자주 접하게 되는데, 과거의 일본인은 이를 해내던 사람들이었습니다.

그렇다면 과거와 지금, 무엇이 변한 걸까요?

저는 이 모든 것이 고객이 감동할 만한 상품이나 사업을 생각해 내고 실현해 내는 '회의'를 잃어버렸기 때문이라고 생각합니다.

저는 '회의재생가'라는 이름으로 100여 개가 넘는 기업에서 신제품이나 신사업 프로젝트의 실행을 추진해 왔습니다.

이 과정에서 본 것은 고객 창조를 위한 디스커션과는 걸맞지 않는 세계였습니다. 오히려 눈치를 보거나, 편의를 위해 사전에 말을 맞추거나, 책임을 전가하는 모습을 자주 목격했습니다.

이러한 상황을 눈앞에 두고 '이대로라면 일본은 망한다.', '세계에서 혼자만 뒤쳐진다.'는 위기를 강하게 느끼게 되었습니다.

"어떻게 하면 고객을 창조하는 회의를 할 수 있을까?"

이것이 이 책에서 풀어내려고 하는 질문입니다.

---

* Google, Apple, Facebook, Amazon의 첫 글자를 따서 만든 단어.

이 책이 한 명이라도 더 많은 사람에게 고객 창조를 위한 회의 방법을 깨닫게 하고, 세계를 감동시킬 만한 상품이나 서비스를 만들어내는 계기가 된다면 좋겠습니다.

그리고 일하는 것을 진심으로 즐기며, 한 번뿐인 인생에서 자부심을 느끼실 수 있기를 진심으로 기원합니다.

회의재생가 **다카하시 데루유키**

역자의 말

"회의합시다."

어쩌면 많은 직장인들이 가장 싫어하는 말일지도 모르겠습니다.

저 역시 직장인으로 회사에서 온갖 종류의 회의에 참석하며 의미 있고 즐거웠던 경험도 있었지만, 지루하고 답답하고 머리 아픈 경험을 더 많이 했던 것 같습니다. '회의만 없어지면 회사가 잘 돌아갈 텐데.' 하고 생각한 적도 있습니다.

하지만 조직은 혼자 일하는 곳이 아니기 때문에 사람들이 모여서(會) 뜻을 나누는(議) '회의'는 꼭 필요합니다. 회의가 있어야 다양한 구성원들이 의견을 제시하기도 하고, 앞으로 조직이 나아갈 방향을 정하기도 하고, 새로운 사업을 기획하고 실행할 수 있습니다. 그런 의미에서 회의는 그 기업의 미래를 보여주는 거울이기도 합니다.

회의를 잘 해보려고 리더십 교육에 회의 운영 스킬을 포함시켜 진행하는 곳도 많았지만, 몇 시간의 교육으로 회의가 바뀌기는 힘들었을 것입니다. 외부 전문가를 초청해서 회의를 진행하는 곳도 있었지만 효과는 그때 뿐, 조직 내에서 일어나는 수많은 회의를 근본적으로 바꿀 수는 없습니다.

그런데 이 책을 만나고 나서 그동안 갖가지 노력에도 불구하고 회의가 바뀌기 힘들었던 이유에 대한 의문이 풀렸습니다. 바로 회의에 '고객'이 빠져 있었기 때문입니다. 회의의 주인공은 회의 진행자도, 회의 참가자도 아닌 바로 '고객'이고, 한 발 더 나아가 '고객 창조'라는 것을 잊고 있었던 것입니다.

저자는 일본에서 혁신적인 기업이나 제품이 탄생하지 못하는 것이 제대로 된 회의를 못하기 때문이라고 보고, 이 책을 통해 어떻게 하면 고객을 창조하는 회의를 할 수 있을지 자신의 경험을 통해 풀어 나갑니다. 특히 회의 진행 스킬(How)에 앞서 회의를 왜 해야 하는지(Why)와 무엇을 다룰 것인지(What)를 담고 있는 것이 이 책의 특징입니다.

회의 때문에 겪었던 혹은 겪고 있는 어려움은 웬만하면 이 책에 해결책이 있을 것이라 확신합니다. 이 책은 순서대로 보셔도 좋지만, 목차를 통해 유사한 문제나 사례를 찾아 그 부분을 먼저 읽는 것도 추천 드립니다.

이 책에서는 일본 기업에서 있었던 문제들을 다루고 있지만 한

국이라고 해도 믿어질 만큼 유사한 사례들이 많았습니다. 다만, 실제 기업에서 있었던 사례를 기반으로 하다 보니, 일본의 기업문화를 전제로 일본 기업과 관련된 인물이나 용어가 자주 등장합니다. 외래어를 그대로 옮기기도 하고, 일부는 한국의 상황에 맞게 의역을 하기도 했으나 의미가 잘 전달되지 않거나 혹시 불편한 마음이 드셨다면 너그러운 마음으로 양해 부탁드립니다.

번역본의 제목이 된 '부스팅Boosting'은 회의를 통해서 구성원들의 사고를 촉진하고, 실행력을 높이고, 즐겁게 일할 수 있는 원동력을 제공한다는 의미를 담고 있습니다. 회의가 애물단지가 아닌 부스터Booster(촉진제)로 작용하는 데 이 책이 작은 도움이 되었으면 좋겠습니다. 기업 내부적으로 회의를 잘 운영할 수 있는 근육은 스스로 단련해야 하지만, 그럼에도 불구하고 외부의 도움이 필요할 때는 플랜비디자인의 회의 전문가들에게 도움을 받으시는 것도 강력하게 추천 드립니다.

회의 때문에 고통받고 있는 전세계 직장인들이 행복하게 회의에 참석할 수 있기를, 회의를 통해 세상을 더 이롭게 만들 수 있는 다양한 아이디어와 제품·서비스가 등장하기를 기대합니다.

우리 사회 90%가
회의에서 머리를 못 쓰고 있다

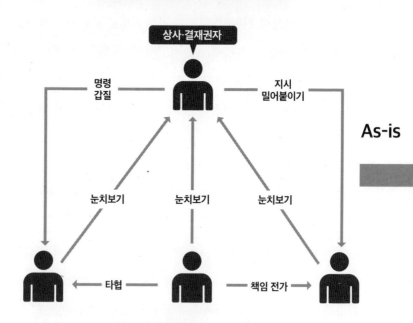

대부분의 회의

상사·결재권자

명령
갑질

지시
밀어붙이기

As-is

눈치보기   눈치보기   눈치보기

타협   책임 전가

서로의 머리를 제대로 활용하지 못하고 있음

"스트레스만 생기고, 새로운 가치는 탄생하지 못함"
지루하고, 졸리고, 빨리 끝났으면…

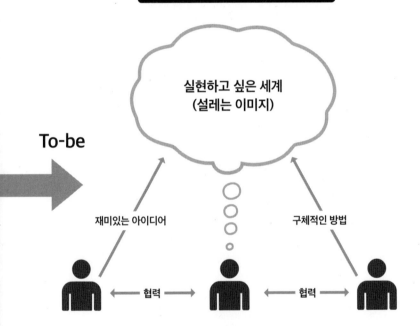

고객을 창조하는 회의

실현하고 싶은 세계
(설레는 이미지)

To-be

재미있는 아이디어

구체적인 방법

협력

협력

상대방의 두뇌를 빌려 생각을 현실로 만듦

"설레는 마음으로 새로운 가치를 탄생시킴"
재미있고, 의욕이 생기고, 배울 것이 많음!

회의를 잘 활용하면
회사가 바뀐다

회의에서 머리를 제대로 못 쓰는 회사

● 상사나 주변의 눈치를 보느라 위협을 느낌
● 서로 책임을 떠넘기기 바쁨
● 계속 논의가 진행 중인데 성과가 나지 않음

구성원

● 상상하는 것, 정말 실현하고 싶은 것이 보이지 않음
● 설레거나 두근거리는 일, 감동하는 경험이 적음
● 장점이나 단점이 다음 프로젝트에 반영되지 않음

상품 사업

회

● 사고 싶다, 재구매하고 싶다는 생각이 들지 않음
● 지인이나 SNS를 통해 추천하고 싶지 않음
● 그 기업이 좋아지지 않음

고객

회의에서 머리를 제대로 쓰는 회사

의

구성원
- 목표로 하는 모습을 바라보며 달릴 준비가 되어 있음
- 함께 생각하고, 새로운 가치를 창출해내고 있음
- 끊임없이 배우며 성과를 내기 위해 고민함

상품 사업
- 세부적인 부분까지 생각이 뻗어 나감
- 접하는 순간 설레고 감동하게 됨
- 더 좋은 것을 목표로 나아가려고 함

고객
- 나도 모르게 사게 되고, 또 사게 됨
- 다른 사람과 감동을 나누고 싶다고 생각함
- 그 기업의 팬이 되어서 응원하고 싶어짐

새로운 가치를 만드는 3Steps

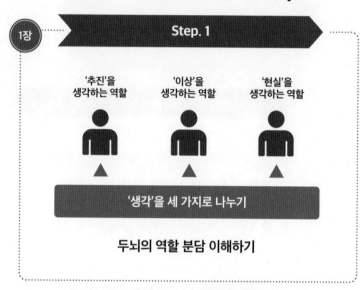

1장

Step. 1

'추진'을
생각하는 역할

'이상'을
생각하는 역할

'현실'을
생각하는 역할

'생각'을 세 가지로 나누기

두뇌의 역할 분담 이해하기

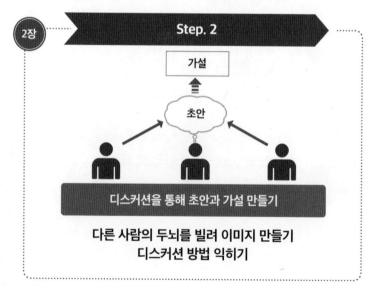

2장

Step. 2

가설

초안

디스커션을 통해 초안과 가설 만들기

다른 사람의 두뇌를 빌려 이미지 만들기
디스커션 방법 익히기

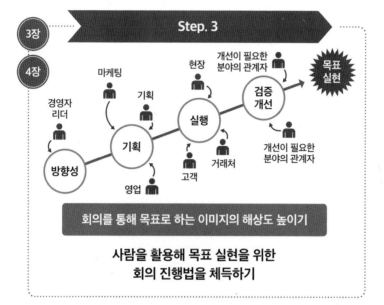

3장

4장

Step. 3

경영자
리더

마케팅

기획

현장

개선이 필요한
분야의 관계자

목표
실현

방향성

기획

실행

검증
개선

영업

고객

거래처

개선이 필요한
분야의 관계자

회의를 통해 목표로 하는 이미지의 해상도 높이기

사람을 활용해 목표 실현을 위한
회의 진행법을 체득하기

생각하는 머리를
세 가지로 나눠서
목표 실현하기!

왜 지금 회의를
강화해야 하는가?

조직의 두뇌를 쓸 수 없다면 회의가 아니다

저는 '회의재생가'로서 지금까지 10년 이상에 걸쳐 100여 개가
넘는 기업의 경영자·리더로부터 의뢰를 받아 함께 신제품이나 신
사업 개발을 해 왔습니다.

클라이언트의 업종은 엔터테인먼트나 제조, 식품, 건설, 물류,
통신, 농산품, 피트니스, 음식, 관광, 출판, 금융, IT 등 다양합니다.

각각의 업종에 대해 정통하지도 않고, 의뢰를 받은 기업에 대해
서도 처음에는 전혀 모르는 상태로 시작합니다. 이 이야기를 다른
사람들에게 하면 '그런 상태로 어떻게 신제품이나 신사업 개발을
진행할 수 있는지' 궁금해 합니다. 그 대답부터 우선 말씀드리자
면, 그것은 조직에서 신제품이나 신사업을 개발하기 위해 '머리를

쓰는 방법', '디스커션을 하는 방법', '회의 진행 방법'을 잘 알고 있기 때문입니다.

그동안 이러한 기술들을 사용하여 기업의 경영진이나 구성원, 외부 전문가 등의 두뇌를 빌려 고객이 감동할 만한 제품이나 사업을 개발해 왔습니다. 반대로 말하자면, 신제품이나 신사업을 개발 못하는 기업은 조직의 두뇌를 제대로 사용하지 못하고 있는 것이라고 할 수 있습니다.

조직의 두뇌를 제대로 활용하지 못하는 기업의 회의

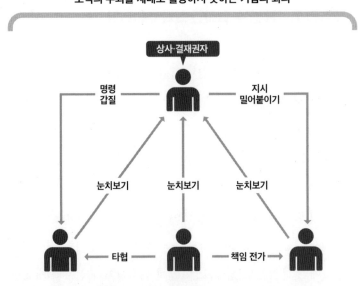

고객을 감동시킬 만한 상품이나 사업이 탄생하지 못함

예를 들면 많은 기업에서는

- 사장이 하는 말이 절대적인 회의
- 상사의 의중을 맞히기 위해 눈치 보는 회의
- 정답을 찾아내려고 하는 회의
- 불화를 일으키지 않으려고 하는 회의
- 누군가가 지시를 받는 회의
- 상대에게 책임을 전가하는 회의

이러한 회의가 이루어지고 있습니다. 이러한 회의에서는 고객이 감동할 만한 상품이나 사업이 절대로 만들어질 수 없습니다.

회의란 꿈을 실현시키고 싶은 사람들의 생각을 이루어주는 도구

애초에 회의는 왜 진행하는 걸까요?

여러분은 이에 대해 생각해 본 적이 있으신가요?

회사를 세울 때에는 창업자들이 "이러이러한 일로 곤란한 사람들이 있는데, 이렇게 해서 행복해졌으면 좋겠다.", "이러한 일을 해서 이런 사람들을 웃게 만들고 싶다."라는 순수한 마음과, "돈도 제대로 벌고, 구성원들과, 새로운 일에 도전할 수 있는 회사를 만들고 싶다."는 이미지를 머릿속에서 키워가며, 그 세계관을 실현하기 위해 다양한 사람들의 두뇌를 빌려 새로운 가치를 만들어냅니다.

이를 통해 새로운 고객이 탄생하고, 회사는 수익을 올리고, 사업은 안정되고, 구성원들은 보람도 느끼고 수입도 얻으며 일을 계속해 나갈 수 있습니다. 선순환이 이루어지는 것이죠. 하지만 새로운 고객을 만들어낼 수 없다면 사업도 지속될 수 없습니다.

회의란 고객을 창조하고, 수익을 얻기 위해 진행하는 것입니다. 또한 회의는 고객을 창조하고 싶은 사람에게 생각을 실현시켜주는 도구이며, 참가자에게는 머리를 써서 새로운 가치를 실현할 수 있는 장이라고도 말할 수 있습니다.

제가 앞으로 이 책에서 설명 드리는 회의에서는, 고객을 창조하고 새로운 가치를 만들어 내는 사람들이 모여, 각자가 역할을 분담하여 사고思考하고, 다함께 '실현하고 싶은 세계'의 이미지를 키워 나갑니다. 이는 아주 창조적인 활동이자 우리가 살아가는 세계를 바꿀 수 있을 만한 다이나믹한 활동이기도 합니다. 이것이야말로 기업 활동의 본질이며, 일 그 자체라고 말할 수 있습니다.

저는 앞서 언급했던 경직된 회의를 '머리를 움직이는 회의'로 재생시켜 세계를 감동시킬 만한 제품이나 사업을 만들어내고 싶

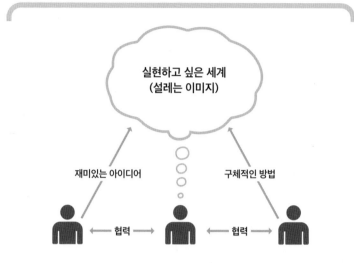

습니다. 경영진이나 구성원이 보람을 느끼며 활기차게 일하게 된다면, 기업은 새로운 고객 창출에 성공할 수 있을 것이라고 생각하기 때문입니다.

회의는 재미있는 것이어야 합니다. 그렇지 않으면, 생각하는 것이 재미없어지고, 흥미로운 제품이나 사업이 탄생할 수 없습니다. 당연히 회사도 사회도 더 좋아질 수 없습니다.

지금이 회의 재생을 위한 터닝포인트

과거 일본에서 회의가 최대한으로 활용되었던 시기가 두 번 있었습니다. 그것은 '메이지 유신'과 '세계 2차 대전 후'였습니다.

둘 다 가치관이 크게 전환되던 시대였습니다. 메이지 유신에서는 후쿠자와 유이치(일본의 계몽 사상가)가, 전후에는 이부카 마사루(SONY 명예 회장)나 혼다 소이치로(HONDA 설립자)와 같은 인물들이 새로운 고객을 계속해서 만들어내며 활약했던 것을 여러분은 알고 계실 것입니다.

사실 이러한 인물들에게는 공통점이 있습니다. 두 말 할 것 없이 '회의를 잘 활용했다'는 점입니다.

후쿠자와 유이치는 메이지의 산업인들을 모아 일본의 발전을 진지하게 이야기하기 위해 '도쿄상공회의소'를 만들었고, 이부카 마사루나 혼다 소이치로는 조직의 상하 관계와 관계없이 자신의 생각을 솔직하게 말하는 왁자지껄 회의*에서 혁신적인 상품을 차례차례 내놓았습니다.

2020년은 신종 코로나 바이러스의 유행으로 한 순간에 고객에 사라진 해였습니다. 예를 들어, 외국에서 일본을 찾아오는 관광

---

* 혼다에서 옛날부터 내려오는 미팅 방법, 왁자지껄을 뜻하는 와이와이 가야가야에서 와이가야 회의라고 부름.

객만 해도 연간 3천만 명 이상의 고객이 사라졌다고 말할 수 있습니다.

또한, 메이지 유신에서부터 우상향 곡선을 그리며 증가하던 인구는 2010년을 기점으로 계속해서 감소하고 있습니다. 이러한 환경 속에서 우리들은 지금, 지속가능한 기업 경영을 요구 받고 있으며, 현재의 사업도 안정화 시키면서, 새로운 고객 창조까지 해내야 되는 터닝포인트를 맞이한 것입니다.

우연히도 앞서 말씀드린 메이지 유신과 전후戰後는 77년, 전후로부터 코로나가 심화된 2020년까지는 75년이라는 비슷한 기간이 차이가 납니다. 하지만 그때 당시와 지금은 환경이 엄청나게 달라졌습니다. 원격근무나 DXDigital Transformation로 인해 실제로 모이지 않고도 이야기 나눌 수 있는 환경이 구축되었고, 시간 조정이나 이동 시간의 감소로 인해 사고할 수 있는 시간은 늘었습니다.

이전과 비교하여 부업도 많이 할 수 있게 되었습니다. 이처럼 인구와 경제, 일하는 방식, 그리고 개인의 사고방식이 크게 변화하는 환경에서, 보다 강하게 요구되는 것이 새로운 고객의 창조입니다. 지금이야 말로 집단 지성을 활용하여 새로운 가치와 고객을 탄생시킬 회의 재생의 베스트 타이밍입니다.

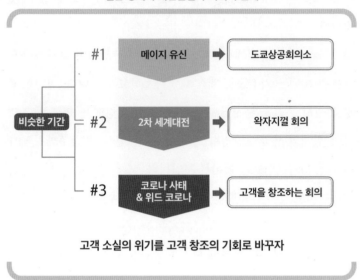

일본 경제의 대전환점과 회의의 관계

비슷한 기간	#1	메이지 유신	➡	도쿄상공회의소
	#2	2차 세계대전	➡	왁자지껄 회의
	#3	코로나 사태 & 위드 코로나	➡	고객을 창조하는 회의

고객 소실의 위기를 고객 창조의 기회로 바꾸자

바꿔야 할 것은 회의 방식이 아니라 '머리를 쓰는 법'

회의에 관한 다양한 책들을 살펴보면 "자료는 A4 용지 1장으로 정리하라."거나 "회의 시간은 15분 단위로 하고 1시간 이내로 하라."는 등, 회의 방법을 개선하는 것을 주로 다루곤 합니다. 하지만 그런 방법으로는 회의 시간을 단축하거나 효율화할 수는 있어도 고객 창조로 이어지지는 않습니다.

고객을 창조하기 위해서는 회의의 규칙을 정하는 것이 아니라 우리의 사고 방식이나 커뮤니케이션, 회의 진행 방법을 바꿀 필요

가 있습니다. 이는 모두 '머리를 쓰는 방법'과 밀접한 관계가 있습니다. 구체적으로는

- '조직 중심 사고'에서 '고객 중심 사고'로
- '답을 찾기 위한 대화'에서 '실현하고 싶은 이미지를 창조하는 디스커션'으로
- '업무 조율형 회의'에서 '목표 실현형 회의'로

바꿔 나가는 것을 말합니다. 전자는 모두 '루틴 워크Routine Work'에 적합한 사고 방식이나 회의 방식입니다. 저는 고객 창조를 다

고객을 창조하는 회의란

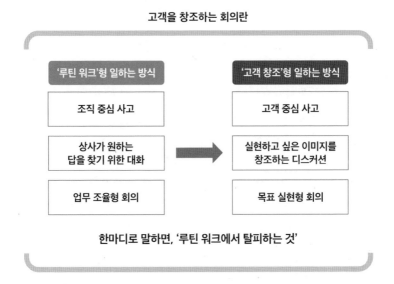

'루틴 워크'형 일하는 방식		'고객 창조'형 일하는 방식
조직 중심 사고	→	고객 중심 사고
상사가 원하는 답을 찾기 위한 대화		실현하고 싶은 이미지를 창조하는 디스커션
업무 조율형 회의		목표 실현형 회의

한마디로 말하면, '루틴 워크에서 탈피하는 것'

른 말로 '루틴 워크에서 탈피하는 것'이라고 말하기도 합니다.

많은 기업에서는 조직이 사업을 안정적으로 영위하기 위해 사고 방식이나 커뮤니케이션, 회의를 사내에 최적화해 왔습니다. 이는 조직 내부를 향한 효율화이자 최적화입니다. 하지만 고객 창조를 위해서는 이 모든 것을 고객을 향하도록 하는 것이 중요합니다. 루틴 워크에 익숙해져버린 조직일수록 강한 의지를 가지고 변혁해 나가야 합니다.

'고객을 창조하는 회의'는 경영의 블루오션

저는 많은 기업의 회의를 봐왔지만 고객을 창조하는 회의를 진행하고 있는 곳은 전체 1%도 되지 않는다는 인상을 받았습니다. 한편으로 아이리스오야마나 코바야시제약, 양품계획, 호시노리조트와 같은 기업은 회사 전체가 고객을 창조하기 위한 회의를 하는데 힘을 쏟고 있었습니다. 그 결과 재미있는 상품이나 사업이 탄생하고 성과도 안정적으로 낼 수 있게 되었다고 봅니다.

고객을 창조하는 회의를 제대로 하고 있는 기업은 극소수이지만 제대로 된 회의를 위해 노력하는 기업들은 안정적으로 실적을 내고 있습니다. 이 점에서 저는 경영의 블루오션이 바로 회의에 있다고 생각했습니다.

심지어 대규모의 투자가 필요한 것도 아니고 구성원들의 생각과 회의 방식을 바꾸는 것뿐입니다. 일단 조직 내에서 정착만 된다면 지속적으로 고객을 창조할 수 있고 기업의 실적도 안정될 것입니다.

또한 조직 구성원의 동기 부여와 기업 브랜드 향상으로도 이어져 인재 채용까지 영향을 미칠 수 있습니다.

이처럼 고객 창조를 위한 회의를 제대로 진행할 수 있는 회사로 만들고 싶다면, 하루빨리 변화에 동참하시기를 권해드립니다.

저의 경험에 비추어 보았을 때, 어떤 조직이 회의를 제대로 진행할 수 있게 완전히 바뀌려면 최소 3년은 걸립니다. 이렇게 말하면 "3년은 못 기다린다."는 말이 나올 것 같습니다. 하지만 안심하셔도 됩니다. 실제로 고객 창조를 테마로 변화를 시도한다면 결과는 6개월 안에 나타납니다. 예를 들면,

- "그런 건 못해."라고 했던 사람이 "고객이 기뻐할 만한 일을 기획해 보자."고 말합니다.
- 속마음을 이야기하지 않았던 사람이 "고객을 위해 이렇게 해보면 어떨까?" 라며 제안하기 시작합니다.
- 비협조적이었던 부서가 "고객의 입장에서 느끼는 가치에 대해 이야기 나눠 보자."며 다른 팀과 협업하기 시작합니다.

저는 이러한 변화가 연쇄적으로 나타나기 시작할 것이라고 확

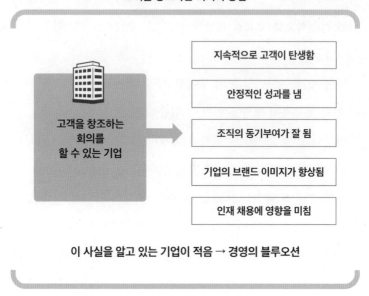

고객을 창조하는 회의의 장점

고객을 창조하는
회의를
할 수 있는 기업

지속적으로 고객이 탄생함

안정적인 성과를 냄

조직의 동기부여가 잘 됨

기업의 브랜드 이미지가 향상됨

인재 채용에 영향을 미침

이 사실을 알고 있는 기업이 적음 → 경영의 블루오션

신합니다. 이렇게 해서 조직의 사고방식과 행동의 변화를 일으키는 것이 경영에 있어 중요한 일이라는 것은 틀림없습니다.

구성원의 두뇌를 움직이고
행동을 가속화하는 『부스팅』

우리 인간은 이미지로 떠올릴 수 없는 것은 절대 실현할 수 없습니다. 스포츠 선수가 이미지 트레이닝을 하는 이유도 바로 여기에 있습니다. 고객 창조도 마찬가지로 고객, 그리고 고객에게 제공하는 가치, 실현해야 하는 목표를 구체적으로 이미지화할 수 없다면 실현할 수 없습니다.

이런 것들을 혼자서 생각하고 실현하는 데에는 한계가 있습니다.

그래서 다양한 사람들의 두뇌를 빌려야 하는데, 이를 위해서는 방금 말씀드린 것처럼

① 고객을 창조하기 위해 적합한 '머리를 쓰는 방법'

② 실현할 이미지를 창조해내는 '디스커션을 하는 방법'

③ 목표를 실현하기 위한 '회의 진행 방법'

을 먼저 이해할 필요가 있습니다.

고객을 창조하는 조직을 만들기 위해 물론 개인의 노력도 중요합니다. 하지만 그 이상으로 경영층이나 관리자들이 조직의 성과를 올리기 위해 ①~③을 제대로 활용하고, 구성원의 '두뇌의 힘'을 향상시켜 행동을 가속화하는 것이 포인트입니다.

이것이 가능해지면 스타 플레이어나 탑 크리에이터는 필요하지 않습니다. 지금 있는 구성원들로도 충분히 새로운 가치, 새로운 고객을 창출해 낼 수가 있습니다.

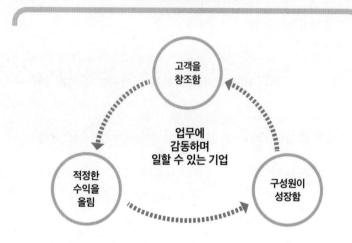

『부스팅』의 목적

> **고객을 창조함**

업무에 감동하며 일할 수 있는 기업

> **적정한 수익을 올림**

> **구성원이 성장함**

새로운 가치를 창출하고, 계속 일하고 싶어지는 기업의 실현

저는 이 책에서 지금까지 회의재생가로서 100여개의 기업에서 회의를 재생시키고, 신제품이나 신사업을 개발해 온 경험을 체계화하여

사람의 머리를 강하게 움직이고,

누구에게도 지지 않는, 누구보다 강한,

'새로운 가치'를 창조하는 조직 매니지먼트 방법

에 대해 풀어 나가려 합니다.

회의를 제대로 활용하는 사람들이 늘어난다면 기업은 반드시 변할 것입니다.

이 책을 통해 고객을 창조하고, 적정한 수익을 올리고, 구성원이 성장해 나갈 수 있는 기업이 늘어나기를 기원합니다. 이 책이 사람의 사고 방식과 행동이 변화하기 위한 시간과 노력을 조금이라도 덜어드릴 수 있다면 그것만으로도 충분하다고 생각합니다.

차례

제1장 구성원의 머리를 무기로 바꾸는 '사고의 프레임워크'

구성원의 머리를 무기로 바꾸는 '사고의 프레임워크'

고객이 없는 회의가 기업을 망친다

저는 지금까지 많은 기업의 회의에 참석해 왔습니다. 그 중에서
"사장님이 자기 말만 하고 저희가 하는 말을 들어주지 않아요."라
고 고충을 이야기하는 임원, "구성원에게는 아이디어가 나오지 않
고, 제가 뭔가 떠오르는 생각을 말하면 그걸로 정해져 버려서 쉽게
말을 꺼낼 수가 없어요."라고 탄식하는 사장님, "다른 부서와 협력
해서 추진하고 싶은데 갈등이 생겨요."라고 불평하는 구성원들.

이처럼 회의로 인해 골머리 앓는 많은 사람들을 만나왔습니다.

'회의란 고객을 창조하기 위해 진행하는 것'이라고 생각하는 저
로서는, 왜 이런 일이 일어나는지 신기하기만 합니다. 하지만 어느
날 문득, 이러한 기업들의 공통점을 깨달았습니다.

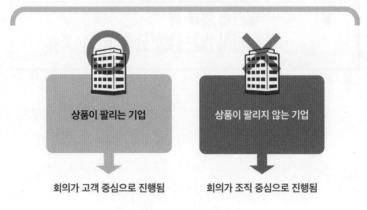

상품이 팔리는 기업

상품이 팔리지 않는 기업

회의가 고객 중심으로 진행됨

회의가 조직 중심으로 진행됨

회의에서는 고객에게 시선을 두자

그것은 바로 회의에 참석하는 구성원의 머리에 '고객'이 쏙 빠져있다는 것입니다. 고객이 없는 회의는 누군가 지시를 해야만 일이 진행됩니다. 그렇기 때문에 결재권자나 상사의 필요나 생각대로 하기 위한 '정답 맞히기'나 의중을 파악해 보려고 하는 '눈치보기', 주변을 신경 쓰느라 '타협'하거나 실행할 사람을 밀어붙이는 '갑질' 등이 일어납니다.

살지 안 살지 결정하는 것은 누구인가?

대학 졸업 후 광고 회사 영업직으로 사회 생활을 시작했습니다.

다양한 기업의 광고나 브랜딩을 의논하고, 많은 광고를 직접 담당해 보면서 팔리는 상품과 팔리지 않는 상품에는 명확한 차이가 있다는 것을 발견했습니다.

그것은 아래 세 가지 질문에 명확하게 답할 수 있는 상품인지 아닌지로 나뉩니다.

- 고객이 누구인가?
- 제공하려는 가치는 무엇인가?
- 실현하고자 하는 세계관은 무엇인가?

제가 많은 회의에 참석해 보면서 느끼는 것 중 하나는 "우리가 만든 것은 팔린다."를 전제로 상품이나 사업을 생각하려는 기업이 많다는 것입니다.

하지만 살지 안 살지 결정하는 것은 '고객'입니다. 고객이 누구이며, 고객에게 제공하려고 하는 가치가 무엇인지 생각하지 않고 만든 상품은, 당연한 일이지만 팔리지 않습니다.

또한, 상품이 목표로 하는 것이나 존재 의의가 명확하지 않으면 조직은 제대로 돌아가지 않습니다. 이는 상품이라고 하는 '물건'에 제한되는 것이 아니라 서비스나 체험에도 모두 해당됩니다.

두뇌를 빌려 고객을 창조한다

고객의 이미지가 구체적이고, 제공하려는 가치와 실현하려는 세계관이 명확한 상품은 광고 메시지도 강력해지고 사람들에게 잘 전달됩니다.

예를 들어, 가오花王, Kao의 '모공 말끔 팩'은 '코의 모공에 있는 블랙헤드를 신경 쓰는 사람이 팩으로 쉽게 불순물을 제거하고, 깨끗한 코를 유지한다.'라는 세계관을 제공하고 있습니다. 또 조금은 오래된 예시지만, SONY의 '워크맨'은 '음악을 좋아하는 사람이 주머니 크기의 기계를 가지고 걸어 다니면서 음악을 즐긴다.'는 세계관을 만들어냈습니다. 이처럼, 이미지가 구체적이면 구체적일수록 고객에게도 그 이미지가 전해집니다.

반대로, 우리가 아무리 "이 상품은 대단합니다!"라고 해도 사용해 본 후에 일어나는 자신의 변화나 주위의 반응을 이미지로 떠올릴 수 없다면 사람들은 그 상품을 구입하지 않습니다. 재미로 사보는 사람이 있을 수도 있지만, 설렘을 느끼거나 다른 사람에게 전하고 싶은 이미지를 떠올릴 수 없다면 그 상품은 절대 세상에 알려질 수 없습니다.

기업이 SNS에 어울릴 만한 상품을 만들고자 하는 이유도 바로 여기에 있습니다. 이는 B2C에만 해당되는 것이 아니라 B2B도 마찬가지입니다.

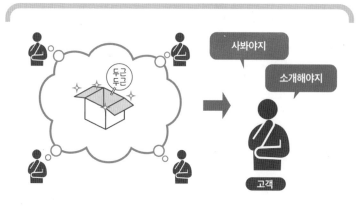

우리들은 구체적인 이미지를 전달함으로써 새로운 소비와 행동을 하는 고객을 창조합니다. 이미지를 만들어 내기 위해 기획이나 개발, 영업, 마케팅 등의 과정을 거쳐 다양한 사람의 머릿속에 있는 이미지를 끄집어내고 중첩시키기도 하면서 이미지의 해상도를 높여갑니다.

제1장에서는 해상도를 높이기 위한 회의 활용법이나 디스커션 방법을 다루기 전에 이미지를 만들어 내기 위한 '자기 머리 사용법'과 '다른 사람의 머리를 빌리는 법'에 대해 이야기하겠습니다.

02 | 고객 창조는 '생각을 떠올리는 것'에서 시작한다

'해보고 싶은 것'을 떠올려 보기

'이렇게 되면 좋겠다.', '저렇게 되면 좋을 텐데.'라고 여러 가지 생각을 하지만, 생각과 실현 사이에는 엄청난 괴리가 있습니다. 많은 사람들은 "돈이 없다."거나 "도와 줄 사람이 없다."는 등 안 되는 이유를 찾아서 자신의 생각을 스스로 포기하곤 합니다. 너무 안타까운 일이지요.

무언가를 생각해내는 것은 생명체 중에서 유일하게 인간에게만 주어진 특권으로, 이 특권이 있기 때문에 사람은 '보람'이나 '살아가는 의미'를 느낄 수 있습니다. 기껏 떠오른 생각을 포기하는 과정을 거듭하다 보면 지는 습관이 생겨서 '꿈 따위는 가질 필요가 없어.'라며 인생의 가능성을 접게 됩니다. 하지만 나이가 들수록

'그때 했으면 좋았을 텐데.'라며 분명 후회하게 됩니다.

　그렇기 때문에 무언가 떠오른 것이 있으면 생각을 접을 것이 아니라, 이를 실현하기 위해서

'이런 사람에게, 이런 일을 해서, 이런 세계를 실현해 보면 어떨까?'

라는 세 가지 질문에 대해 구체적으로 이미지를 떠올려 봅시다.

　저는 지금까지의 경험을 바탕으로 세계를 감동시킬만한 상품과 사업을 만들 기업이 나올 수 있게 돕고 싶었습니다.

　그래서 '새로운 것에 도전하려는 기업에 고객 창조를 위한 회의 노하우를 제공함으로써 사람들을 감동시킬 만한 상품과 서비스를 만들어내는 세계를 실현시킨다'는 이미지를 떠올렸습니다. 꿈을 실현하는 것으로 보면 작은 한 걸음이지만, 생각에 있어서는 큰 한 걸음입니다. 어렴풋한 이미지로 시작해 구체적인 영상이 머릿속에 떠오르는 기적의 순간입니다. 우리는 이를 '번뜩임'이라고 부릅니다.

　무언가를 생각해 낼 때, 시작은 지극히 평범한 것으로 보일지도 모릅니다. 구체성이 부족하고 실현가능성도 알 수 없고, 큰 도박이 될지도 모를 일입니다. 하지만 생각해 내는 것은 사람의 사고 중에서도 굉장히 훌륭한 일이며, 고객 창조는 무언가를 생각해 내는 것에서 시작된다고 해도 과언이 아닙니다. 머릿속에서 떠오르는 생

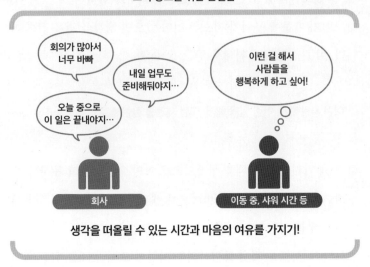

고객 창조를 위한 한걸음

회의가 많아서
너무 바빠

내일 업무도
준비해둬야지…

오늘 중으로
이 일은 끝내야지…

이런 걸 해서
사람들을
행복하게 하고 싶어!

회사

이동 중, 샤워 시간 등

생각을 떠올릴 수 있는 시간과 마음의 여유를 가지기!

각은 보물입니다. 아주 소중하고 귀하게 다루어야 합니다.

'떠오른 생각' 내면에 있는 '간절한 마음'을 깨닫기

여러 기업의 신제품이나 신규 사업 프로젝트에 참여해서 알게
된 것은 시장 분석이나 데이터에서 고객을 찾아내려고 하면 확실
히 실패한다는 것입니다. 왜냐하면 그 안에는 '이렇게 하고 싶다'
라는 간절한 마음이 없기 때문입니다.

마음이 없으면 앞으로 나아갈 수 있는 추진력이 약해지고, 주변
의 의견이나 압박에 금세 좌우되어 버립니다. 이런 상태로는 아무

도 경험해 본 적 없는 새로운 상품이나 사업이 세상으로 나올 수 없습니다.

고객 창조에서 가장 중요한 것은 마음 속 깊은 곳에 있는 생각을 깨닫는 것입니다. 이 생각은 '먹는 것으로 사람을 행복하게 하고 싶다.'거나 'IT의 힘으로 사회 문제를 해결하고 싶다.'처럼 대략적인 것이어도 상관없습니다.

생각이 떠오르면 그 다음으로 이렇게 하고 싶은 이유를 끈질기게 생각해 봅니다. 어린 시절에 경험했던 일이 계기가 될 수도 있고, 업무 경험에서 나온 영향일 수도 있습니다.

자신의 안테나가 향하는 곳, 마음이 움직이는 곳을 찾아냈다면 그곳이 바로 고객 창조의 원점이 됩니다.

제가 기업 회의를 재생시키면서 새로운 상품이나 사업을 만들 수 있었던 배경에는 광고회사에서 가치를 창조하는 회의를 했던 경험, 그리고 컨설팅을 통해 기업 재생의 최전선에서 일했던 경험이 가장 큰 영향을 미쳤습니다.

기업 재생을 해야 하는 곳이야 말로 고객 창조에 열중해야 함에도 불구하고, 조직은 현재 하고 있는 일을 우선시하고, 지키려고 합니다.

어떤 기업에 창의적인 사고를 기반으로 한 회의를 도입하여 경영진과 구성원의 두뇌 사용법에 변화를 일으키고, 상호 협력을 이끌어 내 고객 창조를 해낸 적이 있습니다.

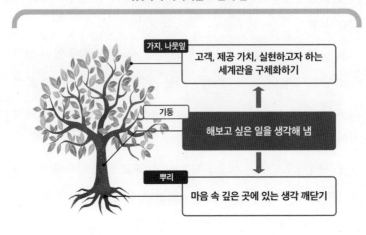

머릿속의 이미지를 끄집어 냄

가지, 나뭇잎 → 고객, 제공 가치, 실현하고자 하는 세계관을 구체화하기

기둥 → 해보고 싶은 일을 생각해 냄

뿌리 → 마음 속 깊은 곳에 있는 생각 깨닫기

이 세 가지를 왔다갔다 하며 전체적인 이미지를 부풀려 나가기

기업 재생 프로젝트를 마치고 나서 "당신과 같은 사람은 지금까지 우리 회사에 없었다."는 말을 하며 구성원들이 저를 헹가래 쳐 줬던 기억이 지금까지도 선명합니다.

그때 '회의를 바꿔서 조직을 건강하게 하고 사업을 성장시키고 싶다.'는 생각이 강하게 들었고, 현재는 중견·중소기업을 중심으로 고객 창조에 뛰어들어 10년 이상 일을 이어오고 있습니다.

'아이디어'가 '나 혼자만의 생각'은 아닌지 체크하기

어떤 '아이디어'든 이루고 싶은 간절한 마음과 함께 '내 입장에서의 생각'이나 '편견'이 어느 정도 존재할 수밖에 없습니다.

내 입장에서의 생각이라는 것은 자신에게 유리한 방향으로만 생각하는 것을 말합니다. 예를 들면 "이 상품은 좋은 물건이니까 사람들이 분명 살 거야."라고 고객의 입장보다는 자신의 입장을 중심으로 생각하는 것을 말합니다.

이것이 '내 입장에서의 생각'이라는 것을 깨닫지 못하고 밀고 나가면 "분명 사람들이 사줘야 하는데, 매출을 이만큼은 달성할 수 있었는데, 다음에는 이런 상품을 개발할 수 있을 텐데…."라며 고객이 없는 발상의 악순환에 빠져버립니다.

이를 막기 위해서는 아이디어가 떠올랐을 때 고객의 입장에서 확인할 수 있어야 합니다. '이 상품은 이런 가치를 제공하고 있다고 생각하는데 고객은 다를지도 몰라.', '이런 세계관을 실현하고 싶은데 고객의 입장에서는 다른 세계관이 더 필요할지도 몰라.'라며 내 입장만의 생각이라는 것을 깨닫고, 사고를 전환할 수 있어야 합니다.

SONY의 창업자인 모리타 아키오는 '워크맨' 개발 담당자가 상자 모양의 샘플을 가져왔을 때 "가슴에 있는 주머니에 들어갈 수 있을 만큼 작으면 좋겠는데. 그렇지 않으면 음악을 들으며 걸을 수가 없지 않겠나."라고 말했다고 합니다. 그 이상은 크기를 줄일

고객의 시선에서 확인하기

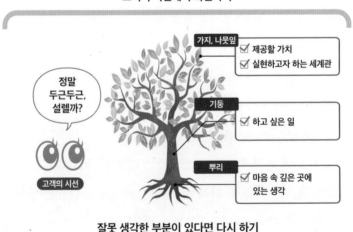

잘못 생각한 부분이 있다면 다시 하기

수 없다고 생각하고 있던 개발 담당자의 사고의 틀을 깨버린 것입니다.

고객의 시선을 하나로 좁히기

고객의 이미지가 모호하거나 하나로 모아지지 않은 상태라면 고객의 입장에서 무언가를 생각한다는 것이 어려워집니다. 다음 사례를 보면서 이럴 때 어떻게 대처해야 하는지 살펴보겠습니다.

패턴1 고객의 이미지가 모호한 경우

이것은 일정하게 반복되는 업무를 하는 사람들이 빠지기 쉬운 것 중 하나입니다. 평소에 고객에 대해 깊게 생각하고 있지 않다가 갑자기 '당신이 창조하고 싶은 고객은 누구입니까?'라는 질문을 받으면 그제서야 '음….'하고 고민에 빠지는 것입니다. 그럴 때에는 이미지를 떠올리기 쉬운 고객부터 떠올려 보면 좋습니다.

예를 들면, 매번 상품을 구입하고 있는 고객들이 상품의 어떤 점을 좋게 평가하는지를 생각해 보는 것입니다.

상품 자체나 브랜드, 고객 대응이나 유통망 등 다양한 대답이 있겠지만, 좋은 평가를 받고 있는 부분(자사의 강점)을 발견해 내고 '이 강점을 좋게 평가하고 구입해 주는 고객은 누구일까?' 또는 '기존 고객 중에서 새로운 가치를 요구하는 사람은 누구일까?'라며 고객의 이미지를 창조해 보는 것입니다.

강점이 독특한 것이라면 새로운 고객을 창조할 수 있는 가능성
이 있지만, 다른 회사에서도 제공하고 있는 것과 큰 차이가 없다
면 기존 고객 중에서 새로운 가치를 요구하는 사람에게 초점을 맞
추는 것이 낫습니다. 이처럼 지금의 고객과 상품을 힌트로 삼아,
앞으로 창조해내고 싶은 고객의 방향성과 이미지를 구체화시켜
나가야 합니다.

고객의 이미지가 모호한 경우

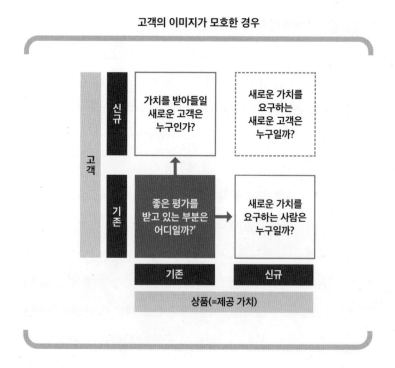

패턴 2 **고객의 이미지가 하나로 모아지지 않을 때**

이 패턴은 창업자나 아이디어가 너무 많은 사람들에게서 자주 볼 수 있습니다. '저 고객도 이 고객도 가능성이 있어.'라며 고객의 이미지를 하나로 모으지 못하는 패턴입니다. 다양하게 생각하는 것은 아주 훌륭한 일이지만, 아이디어의 해상도를 높이기 위해서는 고객의 범위를 좁혀야 합니다.

고객의 이미지를 하나로 모으기 위해서는 우선순위와 중요도에 따라 고객을 정리해 볼 필요가 있습니다. 여러 유형의 고객에 대해서 "최우선적으로 고려할 고객은 누구인가?"와 "가장 중요한 고

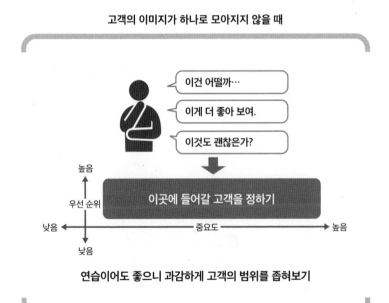

고객의 이미지가 하나로 모아지지 않을 때

연습이어도 좋으니 과감하게 고객의 범위를 좁혀보기

객은 누구인가?"라는 두 가지 질문을 던져 봅니다. 우선순위는, 고객이 가장 시급하게 원하는 것이 무엇인지, 가장 불편해 하는 것이 무엇인지 파악하는 것이고, 중요도는 고객의 시장 규모나 단가와 같은 수익성에 관한 척도로 판단하는 것입니다.

04 | 다른 사람의 머리를 빌려 사고를 확장하라

뻔한 것으로도 허황된 것으로도 만들지 말 것

제가 광고 회사에 입사했을 당시 영업 부장님이 "클라이언트가 1,000만 원을 예산으로 제품 프로모션을 제안해 달라고 했는데, 한 번 해볼래?"라고 하셨습니다. 며칠 간 밤을 새며 딱 1,000만 원에 맞춰 기획서를 작성해 갔는데 부장님은 제 눈앞에서 기획서를 찢어버렸습니다.

밤을 새며 작성한 기획서를 제대로 읽어 보지도 않고 찢어버린 것에 화가 나서 부장님께 이유를 따져 물었더니, "신입사원 때부터 이렇게 현실과 타협한 기획서는 쓰지 마라. 1,000만 원 예산의 일이지만 10배 정도 큰 꿈이 있는 기획서를 써라."라고 하셨습니다.

고객을 설정하고 아무리 좋은 생각이 떠오른다고 해도 현실에 맞추기 시작하면 사고는 더 이상 발전되지 못하고 어디에서나 볼 수 있는 뻔한 것이 되어 버립니다. 또한 회의 중에 떠오른 생각을 말했다가 "이건 현실적이지 않아", "그걸로 얼마나 매출이 올라갈까?"라는 반응에 더 이상 의견을 내지 않는 광경도 자주 목격할 수 있습니다.

우리가 고객 창조를 위한 회의에서 해야 하는 것은, 기껏 떠오른 좋은 생각을 뻔한 것으로 깎아내리는 것이 아닙니다. 그렇다고 말도 안 되는 아이디어에 색깔을 입혀 '꿈 같은 이야기'로 만들자는 것도 아닙니다.

사고를 확장하기

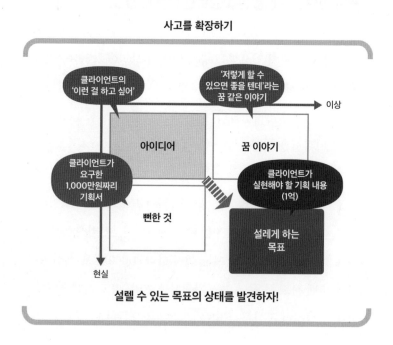

설렐 수 있는 목표의 상태를 발견하자!

'이건 꼭 실현하고 말겠다!'는 마음으로 설렐 수 있는 '목표의 상태'를 이미지로 떠올리는 것입니다.

저는 1,000만 원짜리 기획의 이미지를 그렸다가 부장님께 혼난 이후로 다양한 아이디어를 얻어서 '이건 무슨 수를 써서라도 꼭 고객에게 제안하고 싶다.'는 생각이 드는 기획서를 완성할 수 있었습니다.

그리고 1,000만 원의 기획안에 더하여 예산이 5,000만 원인 B안, 1억인 C안을 추가 옵션으로 클라이언트에게 제안했습니다. 클라이언트는 처음에는 금액을 보고 놀랐지만 "예산을 추가하는 한이 있더라도 이렇게 한번 해보고 싶습니다."라고 하며 결국 예산 5,000만원의 B안을 선택했습니다.

서로의 사고를 확장하기

저의 신입사원 시절 이야기처럼, 혼자서만 생각하다 보면 사고의 폭이 좁아져 딱 한 사람 분의 아이디어 이상은 나오지가 않습니다. 이때 상사인 부장님의 머리를 빌림으로써 저 자신의 사고를 확장하고, 혼자서 생각하는 한계를 돌파할 수 있었습니다.

신제품이나 신규 사업으로 새로운 고객을 창조해야 할 때도 마찬가지입니다. 많은 회사가 연구개발로 살을 깎는 노력을 하며 경쟁하는 중에도 기술은 나날이 발전하고, 마케팅이나 프로모션 수

법은 다양해지고, SDGs*와 같은 새로운 과제에도 도전해야만 하는 시대에 모든 것을 혼자서 한다는 것은 거의 불가능합니다.

다른 사람의 두뇌를 빌려서 의도적으로 사고를 확장시키고 '이런 고객에게 이런 가치를 제공해서 이런 세계관을 실현하고 싶다!'고 마음 속 깊이 생각하는 모습을 이미지로 떠올려야 합니다. '이건 정말 흥미로울까?'를 몇 번이고 물어보는 과정에서 혼자 생각하는 한계를 깨고, 지금까지 보지 못했던 새로운 풍경을 그려나가는 것입니다.

사고의 확장은 두뇌를 빌려주는 쪽에도 메리트가 있습니다. 생각을 함으로써 머릿속에 잠들어 있던 지식이나 경험을 꺼내어 볼 수 있습니다. 다른 사람을 가르쳐 보는 것이 가장 좋은 공부라고 하듯이, 가르쳐주는 쪽에도 새로운 깨달음을 줄 수 있기 때문입니다.

서로의 사고를 확장하면서 해상도를 높여가는 과정을 통해, 작은 아이디어가 미래의 설레는 목표로 변해가는 것입니다. 이를 위해 자신의 머리를 활용하는 법이나 상대방의 머리를 움직일 수 있는 방법을 이해할 필요가 있습니다.

또한 생각을 잘 주고받기 위한 도구로서의 디스커션을 회의에서 잘 활용하게 되면 더 좋은 사고의 확장이 가능해집니다.

* SDGs는 지속가능한 개발 목표(Sustainable Development Goals)로, 빈곤, 질병, 지구 환경 등 17가지의 국제사회 최대 공동목표를 말한다.

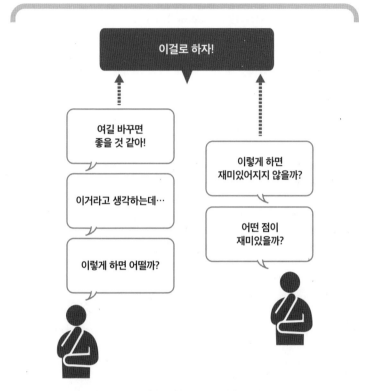

사고를 확장하기

이걸로 하자!

여길 바꾸면
좋을 것 같아!

이거라고 생각하는데…

이렇게 하면 어떨까?

이렇게 하면
재미있어지지 않을까?

어떤 점이
재미있을까?

아이디어를 더 재미있게 하는 것을 의식해서
머리를 움직여 보기!

05	회의에 필요한 세 가지 사고법 '이상', '현실', '추진'

'이상', '현실', '추진' 세 가지로 생각의 역할 나누기

어느 건설회사의 사장님에게 신규 사업에 대한 상담 의뢰를 받았을 때의 일입니다. 사업 이미지를 정리한 자료를 보았는데, 다른 회사들이 이미 하고 있을 법한 것인 데다가 실행 계획도 모호했습니다. 사장님은 앞으로 어떻게 하면 좋을지 막막한 상태였습니다.

우리는 살면서 '생각한다'는 행위 그 자체를 깊게 하는 경우가 거의 없습니다. 하지만 고객 창조를 위해 생각할 때는 '이상'과 '현실', '추진'의 세 가지로 생각의 역할을 나눌 필요가 있습니다.

이상이란 '어떠한 상황에 놓여 있는 사람에게 이러한 가치를 제공해서 보다 행복하게, 보다 나은 감동을 줄 수 있는 세계를 상상하는 것'으로, 여기서는 실현 가능성과 관계없이 더 재미있는 발상과 이미지를 떠올리는 생각을 말합니다. 도라에몽 주제가에 나오는 "하고 싶은 일 모두 할 수 있으면 좋겠네."처럼 어린이의 마음이 되어 보는 것이라고도 할 수 있습니다.

현실이란 '그 이상을 실현하기 위한 구체적인 방법이나 수단을 떠올리는 것'으로 새로운 기술이나 방법을 떠올리는 생각을 말합니다. 우리는 이를 위해 훈련을 받거나 지식을 얻으려고 하는 것입니다.

이상과 현실을 '생각'하는 것은, 항상 부딪힐 수밖에 없습니다. 그러다 보니 결론이 나지 않은 상태로 정체되기도 하고, 현실적으로 가능한 것만 생각하도록 타협하기도 합니다. 회의에서 "이런 게 가능할 리가 없잖아.", "이런 걸 하고 있을 시간과 돈이 없어."라고 하다가, 처음에는 흥미로웠던 아이디어가 점점 뻔한 것으로 변해가는 장면을 많이 봐왔습니다. 여기서 필요한 것이 '추진'이라는 관점입니다. 추진이란 '이상에 가까워지고 싶지만, 현실적으로 최대한 가능한 선을 설정해 놓고 단계적으로 접근하는 것, 혹은 다소 이상을 변경하더라도 가장 좋은 방향을 찾아내는 것'입니다. 여기서는 다음 단계에 해야 할 것을 구체적으로 생각하는 것입니다.

이상과 현실의 틈에 서서 이상이 더 흥미로워질 수 있도록 사고를 확장시키고, 현실적인 것에 발목 잡히지 않으면서도 고객이 설렐 수 있는 세계를 실현하는 것을 목표로 삼아야 합니다.

회의에서 머리를 움직이기

이상과 현실, 그리고 추진. 이 모든 역할을 혼자서 해내려고 하면 잘 되지 않습니다. 자동차, 의류, 식품, 엔터테인먼트, IT 등 고객 창조에는 다양한 분야가 있습니다. 중요한 것은 그 업계나 업종에 적절한 두뇌를 사용할 수 있는 사람들이 모여, 생각을 분담해 가면서 고객을 창조하는 것입니다.

사람들을 모아 놓기만 한다고 답이 나오지 않습니다. 회의에서

목표 도달을 위해 셋으로 역할 분담을 한 모습

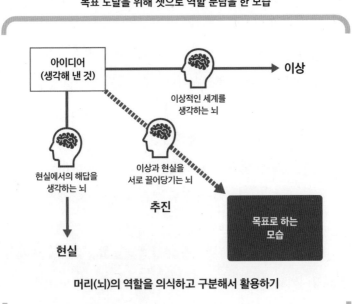

머리(뇌)의 역할을 의식하고 구분해서 활용하기

'진행자', '서기' 등 작업의 역할 분담을 하는 회사는 있지만, '이상', '현실', '추진'으로 나누어 진행하는 회사는 별로 없을 것입니다. 고객 창조를 위한 회의에서는 아래 그림과 같이 '이상', '현실', '추진' 3개로 역할을 나누어 아웃풋을 내는 것에 중점을 두고 진행해야 합니다.

그럼 어떻게 역할 분담을 해야 하는지 구체적인 방법을 살펴보겠습니다.

사고의 역할 분담 1: 이상뇌
실현해야 할 세계를 추구한다

이상적인 세계를 추구하는 '이상뇌'

기업에서 이상을 추구하는 뇌腦 역할을 담당하는 사람은, 중소기업이라면 사장이나 차세대 리더, 중견~대기업에서는 임원이나 사업 부장, 조직 책임자와 같은 분들입니다.

저는 이상을 추구하는 뇌(이하 '이상뇌')를 담당하는 사람들과 주로 일을 많이 해왔는데, 현실에 얽매이지 않고 마음껏 사고를 펼치지 못하는 사람이 많았습니다.

그도 그럴 것이 이상적으로 하고 싶은 게 있더라도, 맡길 수 있는 사람도 없고, 시간적 여유도 없고, 혼자서는 무리라는 생각이 들어 금세 현실적인 사고를 해버리게 되기 때문입니다. 하지만 이렇게 해서는 아무것도 바꿀 수 없고, 기존에 하던 것을 반복하게 될 뿐입니다.

이상을 추구하는 뇌는 일단 현실적인 것에서 한 발짝 떨어져서 "정말로 내가 실현하고자 하는 세계는 어떤 것일까?"를 끝까지 파고드는 것이 중요한 역할입니다.

'이걸 실현할 수만 있다면, 이런 사람들이 감동할 것이고, 회사도 매출이 올라가겠지. 그리고 같이 일하는 구성원들이 즐겁게 보람을 느끼면서 일할 수 있을 것 같아. 이건 회사에 있어서도 의미 있는 일이고, 어떻게든 실현해 내고 싶어!'라는 생각이 들 때까지 이상의 이미지를 부풀려 나가야 합니다.

그리고 실행과 학습을 반복해 나가며 '이상'으로 생각하는 이미지의 해상도를 높여 가는 것입니다. 이상을 생각하는 것도 무척 중요한 일이지만, 그것이 실현되었을 때의 기쁨은 생각의 고통을 모두 잊게 할 만큼 감동을 가져다 줄 것입니다.

무엇과도 바꿀 수 없는, 가격을 매길 수 없는 가치입니다. 여기서 사람은 살아가는 이유와 보람을 느낍니다. 창업자들이 웬만해서 회사를 은퇴하지 못하는 이유도 여기에 있습니다. 결코 회사에 오래 남아있고 싶어서가 아니라, 자신의 존재 의의를 느끼기 때문에 은퇴할 수 없는 것이지요.

말뿐인 이상은 필요 없음

한편, 현실은 무시하고 이상만 내세우는 것도 좋지 않습니다. 제가 광고 회사에서 이직해 갔던 벤처 기업의 사장이 꼭 그런 사람이었습니다. 그는 이상적인 이미지를 전달하지 못하고 그저 "고객을 더 모을 수 없을까?", "히트 상품을 개발해." 등과 같은 현실을 고려하지 않은 말뿐인 이상을 주위 사람들에게 전했습니다.

입사 초기에는 "재미있는 분이네.", "활력 있고 공격적인 사람이네."라고 생각했지만, 뭐든 생각나는 대로 "이건 이렇게 하자.", "저건 저렇게 해 줘."라며 자기중심적으로 말하는 사람이라는 것을 알게 되자, 점점 마음이 멀어졌습니다.

이런 사람의 밑에서 일하면 세상을 바꿀 만한 일도 못할 뿐더러 저 자신의 성장도 불투명하다고 느꼈기 때문입니다.

그땐 제가 어리기도 했고, 그 사장과 몇 번 부딪혀 보기도 했지만 아무런 변화가 없자 마지막엔 "말뿐인 이상은 내세우지 않는 것이 좋습니다."라고 말하고 회사를 그만뒀습니다.

요즘도 다양한 기업과 프로젝트를 진행하다 보면, 회사에 말뿐인 이상을 내세우는 '사이비 이상뇌'를 가진 사람들이 큰 비중을 차지하고 있습니다. 그런 사장이나 리더와 일하고 있는 사람은, 점점 피폐해집니다. 이 책을 읽는 분들은 '사이비 이상뇌'가 아니라 담대하게 큰 뜻을 내세우고, 당당하게 자신이 생각하는 이상적인 세계에 열정을 쏟는 '이상뇌'를 가지시면 좋겠습니다.

이상뇌의 역할

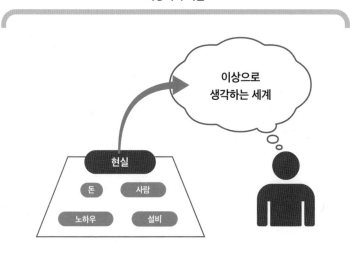

현실에서 한발짝 떨어져서 이상을 생각하기

07 | 사고의 역할 분담 2: 현실뇌
이상을 '현실'로 만들다

학습을 통해 동기 부여 되는 '현실뇌'

현실을 추구하는 뇌(이하 '현실뇌')를 담당하는 사람은 회사에서는 '기획 담당', '영업 담당'이라고 하는 직함을 가진 경우가 많고, 회사 밖이라면 실무를 담당하는 사업(변호사나 세무사 등)이나 크리에이터와 같은 직종에 종사하는 경우가 많습니다. 현실뇌의 역할은 이상뇌가 추구하는 세계를 지금까지 갈고 닦은 스킬과 지식을 활용하여 실현하는 것입니다.

여기서도 이상뇌와 마찬가지로, 사고를 확장시키지 못하고 "현실적으로 어렵다."거나 "지금 맡은 일만 해내기도 버겁다."고 하며, 너무 현실적인 것에 매몰되어 도전하지 못하는 경우가 적지 않습니다.

이상뇌의 입장에서 바라보면 이러한 현실뇌를 보고 "의욕이 없다."고 느끼고, 현실뇌는 이상 뇌를 보고 "말도 안 되는 걸 밀어붙인다."고 반발합니다. 이와 같은 두뇌 활용법으로는 언제가 되어도 새로운 가치를 생산해 낼 수가 없습니다.

이상에 대한 이미지를 공감할 수 없다면 우선 이미지를 최선을 다해 현실에 존재하는 것으로 만들어 나가야 합니다. 이 작업은 결코 쉽지 않습니다.

"정말 이걸로 고객이 감동할까?"

"고객이 이걸 구입할까?"

"이걸로 세상을 바꿀 수 있을 것인가?"

이와 같은 질문에 자문자답 해보면서 실제로 무언가 만들었다가 부수기도 하고, 시도해 봤다가 방법을 바꿔 보기도 하면서 시행착오를 반복했을 때 비로소 답이 보이기 시작할 것입니다.

현실뇌는 몰랐던 것을 알게 되고, 못했던 것을 할 수 있게 되었을 때 보람을 느낍니다. 새로운 학습은 현실뇌에 동기 부여가 됩니다. 저는 이와 같은 노력을 거듭한 끝에 현재 활약하고 있는 전문가들을 여러 명 알고 있습니다. 현실뇌인 사람에게 관리자 역할을 맡기거나, 무리해서 이상뇌를 가지라고 밀어붙이는 것은 적절하지 않습니다. 또한 의미 없는 일을 생각하게 해서 하찮은 작업을 강요하는 것도 안 됩니다.

이들에게는 새로운 이상을 실현하는 데 도전할 수 있는 기회를 제공해야 합니다. 그 과정에서 머릿속의 이미지를 끌어내고, 학습을 촉진하는 것이 중요합니다. 현실뇌는 진심으로 공감할 수 있는 이상적인 세계를 실현하기 위해 새로운 지식이나 기술 창조에 도전해야 합니다.

이렇게 하면 반드시 새로운 세계가 보이기 시작할 것입니다.

이상뇌를 꼭 따라야 할 필요는 없음

이상뇌가 제시한 이미지를 현실뇌의 입장에서 구체화하다 보면 이미지를 변경하거나 다른 방향으로 진행하는 것이 더 좋겠다는 생각이 들 수 있습니다.

어느 유명한 웹 제작회사의 사장은 "클라이언트가 만들고 싶어 하는 사이트와 사용자가 가치를 느낄 수 있는 사이트에는 반드시 격차가 있고, 그 부분을 지적해도 이해하지 못하는 클라이언트와는 제대로 된 일을 할 수 없다."고 말하곤 했습니다.

이상에 대한 이미지에 공감할 수 없는 상태로는 현실뇌가 그 능력을 충분히 발휘할 수 없습니다. 현실뇌가 능력을 제대로 발휘하려면 이상뇌가 그린 이미지를 바꿀 수 있을 만한 제안을 하는 것도 필요합니다.

다만 그 때 상대의 잘못을 지적하거나 자기 생각만을 말하는 것으로는 이상뇌를 설득할 수 없습니다. 이상뇌가 제안한 이미지가 어떻게 바뀔지 구체적으로 떠오를 수 있게 설득해야 합니다. 예를 들면 "웹 사이트의 상단부에 이런 메시지를 넣으려고 하고 계신데, 고객 관점에서 생각한다면 지금 제안 드리는 방법이 메시지를 더 잘 전달할 수 있을 것 같습니다. 어떠신가요?"와 같이 현상이 개선되는 이미지를 전달할 수 있어야 합니다.

이상뇌는 사장이나 리더 등 회사 내에서 위치가 높은 분들이 맡

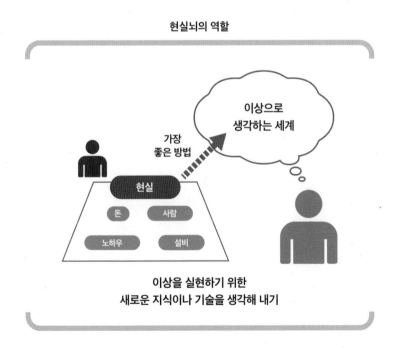

현실뇌의 역할

이상으로
생각하는 세계

가장
좋은 방법

현실

돈　　사람

노하우　　설비

이상을 실현하기 위한
새로운 지식이나 기술을 생각해 내기

는 경우가 많지만, 현실뇌를 담당하는 사람도 고객을 창조해야 될 때에는 직위를 뛰어 넘고 이상뇌와 파트너로서 기능해야 합니다.

이상뇌의 눈치를 살필 필요가 전혀 없습니다.

사고의 질을 높이기 위해 필요한 추진뇌

추진하는 뇌(이하 '추진뇌')를 담당하는 사람은 경영 기획 담당이나 프로젝트 매니저로 불리는 사람들에 해당됩니다. 추진뇌의 주요한 기능은

① 발상을 마음껏 펼치지 못하는 이상뇌나 현실뇌의 이미지를 정리하고 발전시키기

② 충돌하기 쉬운 이상뇌와 현실뇌를 조율하고, 이미지를 맞춰 나가기

③ 무엇을 만들면 좋을지 고민하는 이상뇌와 현실뇌의 아웃풋 이미지의 해상도를 높이기

이며, 이상뇌나 현실뇌의 이미지를 부풀려서 아웃풋을 이끌어내는 리더 역할입니다.

컨설팅이나 코칭, 퍼실리테이션과도 일부 중복되는 부분이 있어서 이러한 스킬을 갖고 있는 사람이 추진뇌 역할을 맡는 것도 좋습니다.

추진뇌는 머릿속에서 가치를 끌어내기 위해 어떻게 생각하고, 어떤 것을 결과물로 하면 좋을지 상담을 해주면서 이상뇌와 현실뇌의 해상도를 높여갑니다. 각각의 뇌를 담당하는 사람의 사고 방식을 이해하고, 무엇을 어떻게 전달하면 상대방의 생각이 어떻게 움직일지 항상 생각하고 있습니다. 또한, 자신의 머릿속에 있는 이미지를 이상뇌나 현실뇌에게 제시하면서, 상대의 머릿속에 있는 이미지를 이끌어 내고, 해상도를 높이는 고도의 테크닉을 사용합니다.

추진뇌가 제대로 작동하는 경우 이상뇌는 마음 편하게 발상을 전개해 나갈 수 있고, 현실뇌는 현실적인 과제를 극복하는 것에 집중할 수 있습니다. 그렇게 함으로써 생각하는 것이 즐거워지고, 일도 재미있어집니다. 그러다 보면 지금까지 불가능했던 결과물을 낼 수 있게 되고, 거기서 또 새로운 깨달음을 얻어 자기도 몰랐던 자신의 재능을 발견하고 성장하게 됩니다.

추진뇌란 이른바 두뇌를 움직이는 지휘자라고도 할 수 있습니다.

더 좋은 회사 만들기

추진뇌의 성과는 우수한 제품이나 사업을 개발해서 새로운 고객 창조를 가능하게 하여 기업에 이익을 가져다주는 것입니다. 이를 통해 조직은 성장하고 사업은 지속가능해집니다.

즉, 조직에 고객 창조와 수익 향상을 가능하게 하는 것이 추진뇌의 성과입니다. 경영학의 신이라고도 불리는 피터 드러커는 '조직의 성과를 높이는 것이 리더의 역할'이라고 했습니다. 이상뇌나 현실뇌의 머리를 움직여 새로운 가치를 만들어내는 추진뇌야말로 리더가 가져야 할 필수 스킬이라고 할 수 있습니다.

아직 일본의 많은 기업에서는 '리더(관리자)=부하의 일이나 시간을 관리하는 사람'이라는 인식이 강하지만, 이것은 반복되는 업무를 하는 경우에 해당합니다.

고객을 창조하기 위해 일할 때는 조직의 두뇌를 움직여 새로운 가치를 창조해내는 것이 리더의 역할입니다. 아직은 후자에 해당하는 진정한 리더가 적은 것이 현실이지만, 앞으로 많은 기업에서는 이러한 리더를 필요로 할 것이 분명합니다. 실제로 추진뇌 역할을 수행하면서, 다양한 기업에서 일하고 있는 제가 체감하는 부분입니다.

구성원의 발상이나 경험, 동기를 최대한으로 끌어내서 고객이 감동할 수 있는, 다른 회사에는 없는 제품이나 사업을 만들어 내

고, 안정적으로 성과를 낼 수 있도록 하여 더 좋은 회사를 만들어

나갑시다.

추진뇌의 역할

이미지를 확장하기 / 조율하기 / 아웃풋 끌어내기

추진

가장 좋은 방법

이상으로
생각하는 세계

현실

돈

사람

노하우

설비

조직의 두뇌를 움직여서,
더 좋은 제품과 사업을 탄생시키기

회의에서는 서로의 머릿속에 있는 이미지를 주고받으며 새로운 이미지를 만들어 내게 되는데, 이처럼 이미지를 원활하게 주고받기 위해서는 상대방의 이미지를 잘 이해하기 위한 '두뇌 사용법'을 알아 두어야 합니다.

대표적인 방법이 다음 여섯 가지입니다. 함께 살펴볼까요?

① 생각을 '번역'하기

수박 겉핥기 식으로만 알고 있거나 익숙하지 않은 개념을 대화 중에 접하게 되면 잘못된 이미지를 떠올리거나, 이미지가 아예 떠오르지 않는 경우가 발생합니다. 특히 외래어나 고사성어가 나오면 주의해야 합니다. 그럴 때 제대로 된 이미지를 떠올리기 위한 방법이 바로 '번역'입니다.

예를 들면,

- 드래프트 → 초안
- 이그제큐션 → 실행
- PDCA → 계획, 실행, 검토, 개선

과 같이 자신이 이미지를 떠올릴 수 있는 언어로 바꿔보는 방법이 있고,

- 콘셉트 → 가장 중요하게 생각하는 것
- DX → 다양한 것을 디지털로 전환하여 적극적으로 활용하는 것
- SDGs → 지속가능한 경영을 위해 회사 차원에서 실천해야 하는 것

과 같이 떠오르는 이미지를 설명해서 적어 보는 방법이 있습니다.

DX나 SDGs와 같이 기업 경영의 전제가 될 만한 새로운 개념이 등장함과 함께 이러한 개념에 대한 이미지를 떠올리면서 일을 할 수 있는 능력이 점점 더 필요해지고 있습니다.

이미지가 잘 떠오르지 않는 단어나 표현을 마주치면 위에서 소개한 방법을 활용하여, 자신이 이미지를 떠올릴 수 있는 것으로

생각을 번역하기

이미지를 떠올리기 어려운 단어나 표현

드래프트
콘셉트

이미지를 떠올릴 수 있는 단어나 표현으로 바꾸기

초안
가장 중요하게 생각하는 것

이해하기 쉬운 표현으로
제대로 된 이미지를 떠올리기

변환해 봅니다.

② 생각을 '분해'하기

사람들은 상대방에게 '잘 전달해야지.', '제대로 이해시켜야지.'
라고 생각하면 생각할수록 다양한 종류의 정보를 한 번에 전하려
고 합니다. 그럴 때 '분해'의 방법으로 상대방의 혼란을 줄일 수 있
습니다.

예를 들면 "새로운 제품의 기획안을 구상하고 있는데, 가격은
3,000원 정도, A와 B와 C라는 기능이 있고, 판매는 주로 인터넷으
로 하려고 생각 중입니다. 20~40대 여성 고객 중심이고 내년 봄

정도에 발매 예정입니다." 라는 정보가 상대방에게 전달되었다고
해 봅니다. 이것을 분해해 보면 아래와 같습니다.

- 내용 → 신제품 기획
- 가격 → 3,000원
- 기능 → A, B, C
- 매장 → 인터넷
- 고객 → 20~40대 여성
- 발매 시기 → 내년 봄

이렇게 하면 각각의 요소에 대해 나눠서 이미지를 떠올릴 수 있
습니다. 또한 '이 제품을 만드는 이유는 무엇일까?'라고 빠져 있는
요소에 대해서도 깨달을 수 있습니다. 각각의 요소의 이미지를 통
합해서 '아마도 이런 제품이겠지' 하고 머릿속에 그리고 있는 이
미지를 파악할 수 있게 됩니다.

여기서는 간단한 예를 들었지만, 실제 회의에서는 이 예시의 몇
배는 되는 정보가 쏟아지기 때문에, 분해하지 않고 머릿속에 정보
를 입력하면 틀림없이 혼란이 일어납니다. 상대방의 이야기를 들
으면서 이해하기 어려운 경우가 생기면, 들어오는 정보들을 머릿
속에서 분해해야 할 것입니다.

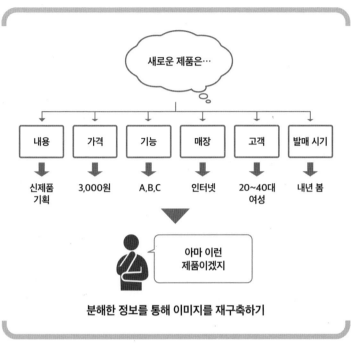

③ 생각을 '구체화'하기

내용을 간략하게 전달하려고 하려면 할수록 추상적으로 표현하게 됩니다. 머릿속에서 생각이 애매한 상태로 남아 있으면, 대화를 하면서도 뭔가 엇나가는 느낌을 받고, 나중에 가서 서로의 이미지가 맞지 않았다는 것이 판명되는 경우가 발생하기도 합니다. 그렇게 되지 않기 위해 추상적인 표현을 구체적인 이미지로 바꾸는 방법이 '구체화'입니다.

예를 들면 '영업을 강화한다.'거나 '중장기적으로 추진한다.'라는 말을 들으면, 여러분은 어떤 이미지를 떠올리시게 되나요? 저는 이런 표현을 회의에서 들으면 '영업 강화란 사람을 늘리는 것일까? 아니면 영업 거래처를 늘린다는 뜻일까?' 또는 '중장기란 3년? 5년? 10년?'과 같은 의문이 생깁니다.

이러한 표현들을 구체화한다면 다음과 같습니다.

- 영업을 강화한다. → 영업 인력을 2명 늘리고, 제안할 거래처를 기존의 3배로 늘린다.
- 중장기적으로 추진한다. → 3년 안에 신규 사업으로 수익을 내고, 5년 안에 다음 사업의 중추가 될 수 있도록 한다.
- 빨리 한다. → 이달 말을 기한으로, A와 B를 1주일 안에 마무리한다.

이렇게 하면 추상적인 표현을 숫자가 구체적인 내용으로 정리할 수 있습니다.

남 일처럼 듣고 있다면 추상적인 표현을 들어도 그대로 지나가 버리기 일쑤입니다. '만약 내가 그 일을 한다면'이라고 주인 의식을 가지고 머릿속에 정보를 넣으려고 한다면, 구체화하는 방향으로 머리가 움직입니다. 상대방의 이야기를 들을 때는, 항상 내 일이라는 생각으로 정보를 받아들여야 할 것입니다.

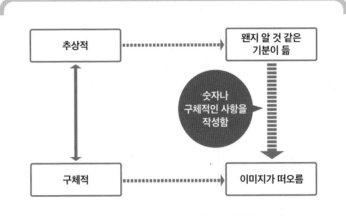

생각을 구체화하기

추상적 ┄┄┄┄▶ 왠지 알 것 같은 기분이 듦

숫자나 구체적인 사항을 작성함

구체적 ┄┄┄┄▶ 이미지가 떠오름

항상 '내 일'이라는 생각으로 정보를 받아들이기

④ 생각의 '순서를 바꿔서 나열'하기

생각해야 할 일이 많을 때나 여러 가지 일이 쌓여 있을 때, '저것도 해야 되고, 이것도 해야 되고' 정신없어질 때가 많습니다. 그 상태 그대로라면, 업무를 어떻게 진행해야 할지 감을 잡을 수 없게 됩니다. 이러한 문제를 해소하기 위해 필요한 방법이 '순서를 바꿔서 나열하기'입니다.

예를 들면, 신제품 기획을 담당하는 동료가 "새로운 제품을 6개월 안에 발매하라고 사장님이 지시하셨는데, 시간이 없어서 당황스러워. 아직 어떤 기획을 해야 할지 전혀 이미지도 떠오르지 않고, 3개월은 걸리지 않을까 싶어. 또 누구를 프로젝트 멤버로 구성할지도…. 가능하면 이번 주 중에는 결정하고 싶은데. 아, 영업이나 프로모션도 생각해야 돼. 할 일이 너무 많아서 걱정이야."라고 고민을 털어 놓았다고 해봅시다.

이것을 순서를 바꿔 나열해 보면

- 6개월 후에 제품을 발매한다.
- 첫 3개월 안에 제품 기획을 확정한다.
- 남은 3개월 안에 영업과 프로모션 내용을 정한다.
- 이번 주 안에 프로젝트 멤버를 선정하여 결정한다.

라고 할 수 있습니다. 이처럼 정보가 분산된 경우, 정보가 담고 있는 내용을 나열해 보고 순서 이리저리 바꿔 보고, 자기 스스로 이미지를 그려 볼 수 있게 정리해 보면 '우선, 이번 주 중에 멤버를 결정하는 것부터 시작해야겠다.'라고 다음 행동으로 넘어갈 수 있습니다. 순서를 바꿔 나열해 보는 것은 우선순위를 정하는 일이기도 하므로 적극적으로 활용하면 좋겠습니다.

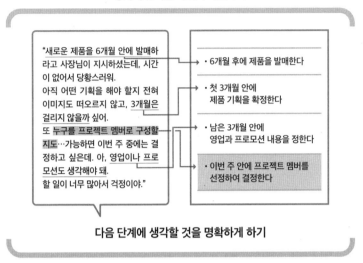

생각의 순서를 바꿔서 나열하기

"새로운 제품을 6개월 안에 발매하라고 사장님이 지시하셨는데, 시간이 없어서 당황스러워.
아직 어떤 기획을 해야 할지 전혀 이미지도 떠오르지 않고, 3개월은 걸리지 않을까 싶어.
또 누구를 프로젝트 멤버로 구성할지도…가능하면 이번 주 중에는 결정하고 싶은데. 아, 영업이나 프로모션도 생각해야 돼.
할 일이 너무 많아서 걱정이야."

- 6개월 후에 제품을 발매한다
- 첫 3개월 안에 제품 기획을 확정한다
- 남은 3개월 안에 영업과 프로모션 내용을 정한다
- 이번 주 안에 프로젝트 멤버를 선정하여 결정한다

다음 단계에 생각할 것을 명확하게 하기

⑤ 생각을 '구조화'하기

집에 물건이 많아지면 어떤 물건이 어디에 있는지 잘 알 수 없게 됩니다. 이것과 동일하게, 다양한 종류의 많은 정보가 입력되면, 점점 뭐가 뭔지 알 수 없게 됩니다. 때로는 정보를 정리하고, 머리를 깔끔하게 비워내는 상태를 유지함으로써 다음 정보를 받아들이기 쉽게 만들 수 있습니다. 이를 위한 방법이 바로 '구조화'입니다.

예를 들면

'이번에는 이런 상품을 한번 만들어 보고 싶어요.'

'그러면 SNS 마케팅에 힘을 좀 써야 될 텐데.'

'A사와 B사에 제안해 보면 어떨까?'

와 같은 이야기를 들었다고 해봅시다.

이를 구조화해 본다면, 이렇게 정보의 종류를 정리할 수 있습니다.

- 이런 상품 → 상품 기획
- SNS → 판촉 기획
- A사와 B사에 제안 → 영업 기획

이러한 정보의 연결에 의식을 집중하면 '다들 제품, 프로모션, 영업이라는 밸류체인*에 대해 이야기하고 있구나.'라고 머릿속에서 정리를 하면서 '여기서부터는 밸류체인의 어디에 해당되는지 의식하면서 들어야겠다.'거나 '지금은 아직 이야기가 나오지 않았지만, 제조나 PR에 대한 이야기도 나올 수 있겠구나.'하고 머리를 움직일 수 있습니다. 그렇게 하면 그 이후의 이야기들을 침착하게

---

* 가치 창조를 위해 필요한 기업 활동

들을 수 있습니다.

구조화가 가능해지면, 개별적인 정보들을 그대로 받아들이지 않고 전체를 조망할 수 있는 관점을 가질 수 있게 됩니다.

자신이 관심 있는 정보가 들어오면, 나도 모르게 세부적인 부분까지 의식을 집중하게 되곤 하는데 '이러한 정보들의 뒷면에는 어떤 연결고리가 있을까?'하고 생각해 보는 습관을 가져야 합니다.

'구조화=비슷한 정보를 모아서 그룹핑'하는 것이 아니라는 점을 유념해야 합니다.

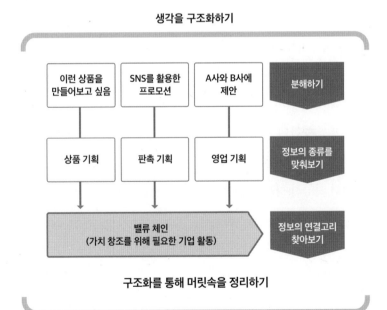

생각을 구조화하기

이런 상품을 만들어보고 싶음	SNS를 활용한 프로모션	A사와 B사에 제안	분해하기
상품 기획	판촉 기획	영업 기획	정보의 종류를 맞춰보기
밸류 체인 (가치 창조를 위해 필요한 기업 활동)			정보의 연결고리 찾아보기

구조화를 통해 머릿속을 정리하기

⑥ 생각을 '요약'하기

다양한 정보가 들어오고, 순서를 바꿔 나열하고 구조화해서 정리할 수 있게 되더라도 '결국, 이 정보들을 가지고 머리에 남겨야 할 이미지'를 추출해내지 못한다면, 상대방의 이미지를 제대로 이해했다고 할 수 없습니다. 이를 위해 필요한 것이 이미지를 한 마디로 정리할 수 있는 방법인 '요약'입니다.

예를 들면 회의에서 다음과 같은 이야기가 나왔다고 해 봅시다.
"오늘 상품 기획 회의에서는 원가와 제조 방법에 대해서는 여기까지 결정이 되었습니다. 남은 과제는 자사 제조 라인에서 실현 가능한지 여부입니다."
"다른 문제는 더 없겠지요?"
"해 봐야 알겠지만 지금으로서는 그렇습니다."
"언제까지 확인 가능합니까?"
"2주 안에 가능하다고 봅니다."
"그럼 가능한 방법을 찾아 최대한 노력해 주세요."

이 내용을 요약해 보면 '제조 라인에서 실현 가능 여부가 제품 결정의 열쇠'라는 것입니다.
다른 정보들을 솎아내 버렸지만, 그 이유는 '정말 중요한 것은 무엇인가'에 대한 이미지를 떠올리기 위한 것입니다. 다양한 정보가 머릿속에 있으면 주의가 산만해져 정말 중요한 것이 무엇인지 놓치기 일쑤입니다. 회의 내용 전체를 메모하는 것이 아니라, 머릿속에 중요한 것을 남기는 것을 습관화해야 합니다.

요약할 때의 주의점은 겉으로 드러난 내용을 알기 쉽게 정리하는 것이 아니라는 점입니다. 요약이란 정말 머릿속에 남겨두어야 할 이미지를 잘 압축하는 것입니다.

생각을 요약하기

오늘 상품 기획
회의에서는…

모든 내용을 메모함

정말 중요한 것만
머릿속에 남기기

중요한 것을 한 마디로 표현할 수 있어야 함

조직의 신진대사는
리얼한 고객 창조에서 일어난다

어느 대기업의 신규 사업 기획을 지원하고 있을 때의 일입니다.

그 회사는 몇 번이고 신규 사업을 추진했는데

"자료 제출은 이 양식에 맞춰서 해주세요."

"월 1회 신규 사업 검토 회의에 참석하세요."

"상사는 멘토로서 팀을 서포트 해주세요."

와 같은 세부적인 규칙이 정해져 있었습니다.

프로젝트 팀은 이러한 규칙이나 상사 보고 때문에 정작 중요한 사업 기획을 생각하는 것에는 집중을 못하고 있었습니다.

여기서 저는 "규칙도 중요하지만, 자신감을 갖고 추진해 보고 싶은 기획을 하도록 집중해 봅시다."라고 제안했습니다. 그리고 제가 추진뇌 역할(이하 '추진역')을 하며 프로젝트 리더에게는 '이상'을 그려 보게 하고, 다른 멤버들에게는 시스템이나 프로모션, 영업 현실성 등을 생각할 수 있도록 하여 기획에 대한 이미지의 해상도를 높여 갔습니다.

기획에 재미를 붙이기 시작하자, 주변의 반응도 서서히 변하기 시작하고, 다른 부서에서 이런저런 의견을 주기도 하고, 영업 기획은 특별히 회사의 규칙을 바꿔가면서 일을 진행하기도 하고, 상사는 경영진에 멤버들의 의견을 전달하는 역할을 하게 되었습니다.

프로젝트 팀은 점차 자신감이 붙었고, 휴일에도 일을 할 정도로 프로젝트에 매달렸습니다.

그 결과 사장님 앞에서 사업기획안 발표를 무사히 마치고 승인을 얻은 후, 정식으로 회사의 신규 사업으로 추진할 수 있게 되었습니다.

훗날, 신규 사업과 관련된 규칙을 운영했던 경영기획 실장님이 이렇게 말했습니다. "지금까지 회사가 이렇게 하나가 되어서 협력했던 프로젝트는 없었습니다. 저는 규칙을 가지고 조직적으로 움직이면 신규 사업이 나올 거라고 생각하고 있었는데, 프로젝트를 정성껏 심혈을 기울여 다루는 것이 중요하다는 것을 새삼 느꼈습니다."

현재는 규칙을 완화하고, 각각의 프로젝트마다 추진역을 배정해서 밀접한 커뮤니케이션을 주고받으며 업무를 진행하고 있다고 합니다.

실장님은 이런 말도 했습니다.

"고객 창조에 진심으로 몰두함으로써 조직은 변한다."고 말입니다.

조직의 의식이나 행동을 변화시키려고 할 때, 많은 경우는 제도화나 조직 체계의 변경, 연수 등 많은 시간과 다양한 노력을 투입합니다. 그런데 조직의 '고객 창조 체험'에는 대부분의 기업이 투자를 하지 않는다는 점에 놀라게 됩니다.

실적이 정체되거나 악화될 경우, 또는 큰 위기를 겪게 되었을 때 조직 변혁에 착수하는데 뿌리를 찾아가다 보면, '고객이 없는 회의'가 원인으로 판명되는 경우가 많습니다.

많은 기업에서는 일상적으로 돌아가는 업무에 쫓기다 보면 조직 내에 가는 곳마다 알력 관계가 생겨나고, 점점 고객이 보이지 않게 되어가고 있습니다. 이러한 상태에서 제도나 조직 개편을 단행한다고 해도 근본적인 문제 해결은 되지 않습니다. 만약 조직 변혁을 생각한다면, 우선 회사의 회의 문화를 체크해 보십시오. 회의 중에 고객을 염두에 두지 않은 논의가 진행되고 있다면 주의가 필요합니다.

또한 기업의 창업주가 사업 승계를 생각할 때 "어떻게 하면 이 조직에서 새로운 사업이 탄생할 수 있을까?"라는 고민에 직면하게 되는데 이때도 답은 같습니다.

신규 사업 제안 제도를 실행하는 기업들도 있지만, 앞서 살펴본 사례와 같이 외형적인 제도 설계나 규칙으로는 본질적인 고객 창조는 이루어질 수 없습니다. 방향성·기획·실행·검토·개선을 추진하는 데 있어 멤버 선정이나 생각의 역할 분담, 디스커션과 회의를 나눠서 더 즐겁게 고객 창조 경험을 쌓아가는 것에 투자한다면, 사업 성장과 인재 육성이라는 두 마리 토끼를 잡을 수 있습니다. 그 결과로서 조직의 신진대사가 좋아지는 것입니다.

실제로 이러한 변화가 일어나기까지는 2~3년이 걸리기 때문에, 사업 승계를 생각하기 시작했다면 곧바로 차세대 고객 창조를 검토해 주시기 바랍니다.

제 2 장

구성원의
머리를 움직이는
'디스커션의 형태'

CASE 01

회의의 목적은 함께 이야기를 나누는 것이 아니다

어느 자동차 브랜드의 경영기획실장님과 이야기를 나누던 때의 일입니다.

"사장님이 회의에서 좀 더 활발하게 대화를 나누었으면 좋겠다는 이야기를 하셔서, 참가자들에게 적극적으로 발언을 시키려고 하는데 좀처럼 의견이 나오질 않습니다. 그걸 보고 있던 사장님이 이야기를 꺼내시면, 이번에는 모두가 사장님의 의견에 끌려갑

* 디스커션(discussion)은 회의 때 사용하는 이야기 방법입니다. 토의와 가장 가깝지만, 토의, 토론, 의논, 검토 등 회의에서 나올 수 있는 모든 대화 상황을 다 포함할 수 있기 때문에 디스커션이라는 표현을 그대로 사용했습니다.

구성원의 머리를 움직이는 '디스커션의 형태'

니다. 어떻게 하면 좋을까요?"

저는 실장님에게 "회의에서 가장 중요한 것이 무엇이라고 생각하시나요?"라고 질문했습니다. 그랬더니 "참가자 한 명 한 명에게 말을 시키고, 종이에 쓰게 해보기도 했는데 별 효과도 없고…."라는 대답이 돌아왔습니다.

제가 "회의가 끝났을 때 자신의 머릿속에 어떤 이미지가 떠오르면 좋을지 생각해 보신 적 있으세요?"라고 되물었더니 실장님은 도대체 무슨 말을 하는 건지 모르겠다는 표정을 지었습니다.

저는 "회의의 목적은 서로 이야기를 나누는 것이 아니라, 생각의 캐치볼을 통해서 새로운 이미지를 만들어 내는 것입니다. 아웃풋 이미지가 없는 상태로 의견을 내보라고 하면 상대방의 머리는 움직이지 않습니다."라고 말했습니다. 그랬더니 실장님은 "그렇군요, 저는 의견을 끌어내는 것에만 집중해서, 어떤 이미지를 만들어 낼지는 전혀 생각 못하고 있었습니다."라고 대답했습니다.

디스커션으로 이미지를 쌓아 올리기

디스커션이란 서로가 생각하는 이미지를 주고받으면서 새로운 이미지를 형성하기 위한 '커뮤니케이션 도구'입니다. 하지만 많은 사람들이 디스커션의 진행 방법이나 의견을 끌어내는 방법, 정리하는 방법에 신경을 쓰느라 정작 가장 중요한 아웃풋은 놓치기 일쑤입니다. 회의에서 의견은 나왔지만 아무것도 결정이 나지 않는 것은, 아웃풋에 주목하지 않았다는 표시입니다.

그렇다면, 디스커션을 통해 새로운 이미지를 만들어 낸다는 것은 도대체 어떤 것일까요? 그 예로 초콜릿 상품 개발을 위한 디스커션을 살펴보겠습니다.

개발 담당 건강을 추구하는 세태에 따라, 몸에 좋은 초콜릿을 만들어 보면 어떨까 생각하고 있습니다.

추진역 그건 어떤 이미지인가요?

개발 담당 초콜릿을 먹음으로써 장 건강으로 이어지는 것 같은….

추진역 요거트나 요구르트처럼요?

개발 담당 맞아요, '초콜릿=살 찌는 음식'이라는 개념을 바꾸고 싶어서요.

제조 담당 초콜릿에 유산균을 배합하는 기술이 있습니다.

개발 담당 그런 게 가능하군요! 다만 부드러운 식감은 남겨두고 싶은데….

제조 담당 초콜릿의 입자를 작게 해서 균일화하면 괜찮을 것 같습니다.

추진역 유산균이 들어간 초콜릿, 재미있네요! 누가 살 것 같은가요? 어린아이가 있는 부모? 어르신들?

개발 담당 일하는 여성이 아닐까 생각합니다. 건강에 대한 의식이 누구보다 높으니까요.

마케팅 담당 여성 고객의 흥미를 끌기 위해서는, 딱 보면 상상이 되는 네이밍과 디자인이 중요합니다.

추진역 여기까지 나온 생각들을 정리해 보자면, 건강에 대한 관심이 큰 시대에, 초콜릿을 좋아하는 일하는 여성의 장 건강에 도움이 되는, 유산균이 들어간 상품을 검토하려고 하는 중입니다.

초콜릿 맛을 지키며 유산균을 배합하는 것은 기술적으로 가능한 상태.

새로운 카테고리의 제품이 탄생하는 것이기 때문에, 바로 이미지를 떠올릴 수 있는 네이밍이 중요.

그러면 1주일 후 같은 시간에 상품 이미지를 구체화하기 위해서 개발 담당은 상품 이미지 초안을, 제품 담당은 제조 방법을, 마케팅 담당은 네이밍 안을 각각 가지고 모여서 해상도를 높이기 위한 디스커션을 해볼까요?

이 사례에서 추진역이 생각을 리드한 방법은 다음과 같습니다.

① 개발 담당에게 상품 이미지를 끌어낸다.
② 개발 담당의 생각에서 빠져 있는 고객의 요소를 지적한다
③ 제조 담당의 아이디어에서 새로운 상품 이미지를 만들어 낸다.
④ 마케팅 담당의 아이디어를 근거로 삼아 이미지를 굳힌다.
⑤ 다음에 생각할 거리와 회의 일정을 제안한다.
⑥ 각자 생각해 올 것에 대해 구체적으로 지시한다.

디스커션으로
'사고의 화학반응' 일으키기

CASE 02

불안하면서도 '괜찮아요'라고 대답하는 리더

어느 브랜드의 신규 사업 프로젝트를 지원했던 때의 일입니다. 프로젝트 리더는 책임감이 강하고, 우수하며, 인내심도 높은 인재였는데 모든 일을 혼자서 떠안으려고 하는 경향이 있었습니다. 이대로라면 스스로의 성과에도 영향이 있을 것은 물론, 다른 구성원들이 성장할 수 없을 것이라고 걱정하며, 그의 상사인 임원이 저에게 조정을 의뢰한 것이었습니다. 저는 프로젝트 리더에게 정말 서포트가 필요한지 솔직한 의견을 듣고 싶다고 전했고, 이후에 임원이 셋이서 이야기를 나눌 수 있는 기회를 마련해 주었습니다.

처음에 프로젝트 리더는 "저 혼자서도 괜찮습니다."라고 했지만, 세 가지 머리를 나눠 쓰는 방법이나 추진역의 기능에 대해서 이야기했더니 "솔직히 구성원들과 거리를 느껴서, 저 혼자만 열심히 내달리고 있다는 것 같아 고민이었습니다. 결국 제가 지시하지 않으면 구성원들이 움직이지 않을 것 같고, 정말로 프로젝트가 잘 될 수 있을지 불안한 마음이 있습니다."라고 말했습니다.

제가 "추진역으로서 여러분들의 생각을 리드해 갈 것이니 안심하셔도 됩니다. 여러분이 생각하고 아웃풋을 내는 것에 집중하실 수 있도록 서포트 하겠습니다."라고 했더니, 프로젝트 리더는 그제서야 "사실 제가 가장 못하는 일이었는데 잘 부탁드리겠습니다."라고 하며 한결 편안해진 표정을 보여주었습니다.

이미지를 끌어내기 위해 '사고의 화학반응' 일으키기

엄청나게 생각을 많이 하는 사람과, 별로 생각을 하지 않는 사람이 떠올린 이미지에는 분명한 차이가 존재합니다.

또한 상품을 생각하는 사람, 영업을 생각하는 사람 사이에도 이미지의 격차가 발생합니다. 이러한 차이가 사실은 새로운 가치를 탄생시킬 때 중요한 역할을 합니다.

이미지를 떠올리는 방법이 다르면, 보이는 것이나 떠오르는 아이디어도 달라집니다. 추진역은 다름을 잘 이용하여 사람들이 생각할 수 있게 돕고, 질문으로 생각을 이끌어 내고, 아이디어를 연결하여 새로운 아이디어로 탄생시키는, 이른바 '사고의 화학 반응'을 의도적으로 만들어 냅니다.

예를 들어, 앞서 프로젝트 리더가 생각한 것을 구성원들에게

사고의 화학반응 일으키기

$$A \times B \to C$$

발견하기

추진역

디스커션을 리드함

A

B

추진역이 가져야 할 중요한 스킬 중 한 가지

"이상하다고 생각하는 부분이 있으면 알려주세요."라든지 "프로젝트 리더의 아이디어를 좀 더 흥미롭게 하려면 어떻게 할 수 있을까요?"라고 다른 관점에서 사고를 바라보게 하고, "지금 이야기 나눈 것을 바탕으로 떠오른 이미지를 알려주세요."라고 새로운 이미지를 끌어낼 수 있습니다.

또한 프로젝트 리더에게 "지금 의견을 들어 보니 어떤 생각이 드세요?"라고 물어 보고, 새로운 깨달음을 발견하거나, 이미지를 확장시키는 것을 도울 수 있습니다.

모두의 머릿속에 있는 이미지를 끌어내고, 다른 이미지들을 한데 섞어서, 모두가 깜짝 놀랄 만한 새로운 이미지를 만들어 내기 위한 도구가 디스커션입니다. 마치 교과서에 나오는 화학 실험에서 약품 A와 약품 B를 섞어 새로운 약품 C를 만들어 내는 과정과도 비슷합니다.

그럼 다음에서는 사고의 화학반응을 일으키기 위한 방법에 대해 풀어 나가겠습니다.

CASE 03

'오늘이야 말로 정하고 말겠어.'
하지만 결국 아무것도 정해지지 않는 회의

어느 시스템 회사에서 새로운 서비스 기획을 위한 온라인 회의를 하루 앞두고 있었던 일입니다. 프로젝트 리더로부터 밤 늦게 "내일 아침에 기획 내용을 결정하고 싶어서요, 사전에 첨부 자료를 읽고 참석해 주십시오."라며 회의 자료가 첨부된 메일이 왔습니다.

회의 아젠다는

1. 기획 내용의 설명 10분

2. 기획 내용에 대한 의논 40분

3. 정리 10분

이라고 적혀 있었습니다.

저는 뭔가 이상하다는 생각이 들었지만, 여기서 반론을 제기하면 혼란을 일으킬 것 같아, 그대로 다음날 아침 회의에 참석했습니다. 구성원들은 자료를 모두 숙지하고 왔고, 회의에서 의견도 활발하게 나누었지만, 결국 기획 내용은 정해지지 않았습니다.

프로젝트 리더는 저에게 "오늘이야 말로 기획 내용을 정하려는 마음으로 회의에 임했는데, 왜 결정이 안 나는 걸까요?"라고 질문했습니다. 저는 "메일에는 결정하고 싶다고 되어 있었지만, 무엇을 정해야 할지 전혀 이미지를 떠올릴 수 없었습니다. 기획의 이 부분에 대한 이미지를 굳히고 싶으니 누가 무엇을 생각해 주면 좋을지를 아젠다에서 언급했어야 된다고 생각합니다."라고 답했습니다.

회의의 목표 이미지를 정하기

회의에 대해 다룬 다양한 책들을 보면 '회의 전에 아젠다를 미리 공유하세요', '회의 시간은 1시간을 넘지 않도록'과 같은 내용들이 적혀 있는데, 중요한 것은 이러한 외형적인 것들이 아닙니다.

회의에서 중요한 것은 최종적으로 만들어낼 이미지의 목표를 설정하고, 이에 도달하기 위해 생각해야 할 것과 역할을 제시하는 것입니다.

이는 참가자의 입장에서 생각하면 당연한 것입니다. '회의에서 무엇을 만들기 위해, 본인은 어떤 역할을 수행하고, 무엇을 생각해 두면 좋을지' 미리 떠올릴 수 있게 해주면, 회의에서 주최자가 의도한 것을 참가자들이 제대로 생각할 수 있게 됩니다.

회의란 연극 무대와 닮아 있는 구석이 많습니다.

연극에도 스토리가 있고, 배우들은 주어진 역할의 배역을 연기합니다. 그리고 배우는 연극에 들어가기 전, 무대 전체를 상상하면서 자신이 연기하는 이미지를 머릿속에서 그려 봅니다. 이것과 같이 회의에는 방향성이나 기획이라는 스토리가 있고, 참가자들은 이상을 생각하는 역할이나 현실 문제를 생각하는 역할, 추진하는 역할 등 각자의 역할을 의식하고 행동합니다. '다음 회의에서는 이 건에 대한 이미지를 굳히기'라는 목표를 인식한 상태로 자신의 아웃풋 이미지를 확장시켜 나갑니다.

이러한 사고 방식에 따라, 앞에서 언급했던 아젠다를 바꿔 적어 본다면 이렇게 써볼 수 있습니다.

- 내일은 '제품 구성품'과 '네이밍'을 확정하기 위한 회의를 진행합니다.
- 메일에 첨부한 제 기획안을 바탕으로, A씨는 제품 구성품에 대해서, B씨 는 네이밍에 대한 아이디어를 떠올려 보고 참석해주신다면 도움이 될 것 같습니다.
- 진행 방식은,

  본 건의 이미지에 대한 의견 맞춰 보기 5분,

  각각의 이미지를 확정하기 위한 디스커션을 20분,

  다음 액션과 과제 확인 5분으로

  총 30분(최대 1시간)을 예상하고 있습니다.
- Zoom URL은 다음과 같습니다.

이렇게 쓰게 되면, 예를 들어 B씨는 '내일은 제품 구성품과 네이 밍을 결정하는군. A씨가 제품 구성품을 생각해 온다면, 사전에 한 번 이야기를 해보고 네이밍 아이디어도 내보는 게 좋겠다. 그렇게 하면 회의에서 훨씬 원활한 의사결정이 가능해질 것 같으니까.'라 고 머리가 움직이기 시작할 것입니다.

익숙해지면 메일 등으로 사전에 이미지를 주고받고, 해상도를 높여서 회의에 임하게 되어 디스커션 시간이 단축되고, 다음에 생각해야 할 일들에 대해 이야기를 나눌 수 있게 됩니다.

아젠다의 목적

의사결정
진행

목표를 향해
머리를 움직이기

목표로 하는 이미지를 떠올리고 조율할 수 있어야 함

디스커션의 기본: 초안으로부터 가설을 만들어 내기

브레인 스토밍만 하고 아이디어가 구체화되지 않는 회의

어느 벤처 기업에서 구성원들을 모아 새로운 사업에 대한 브레인 스토밍을 하고 있었습니다. 재미있는 아이디어는 많이 나왔지만, 그 이상 별다른 진전이 없었습니다.

사장님은 "아이디어를 사업으로 연결하려면 어떻게 해야 할까요?"라고 저에게 의견을 구했고 저는 "아이디어를 구체화하기 위한 회의를 해보는 게 어떨까요?"라고 제안하여 사장님도 찬성하였습니다. 저는 다양한 아이디어 중에서 사업 성장에 가장 적합한 것을 하나 골라, 아이디어를 낸 사람과 함께 생각도 정리하고,

목표로 하고 있는 모습에 대해 정리해 보았습니다.

다음 회의에서는 사장님이 회의 취지를 다시 한번 구성원들에게 전할 수 있는 시간을 마련한 후, 아이디어 사업화를 위해 정리한 것을 설명하고 나니 구성원들이 "고객은 이런 사람의 이미지인 것 같아요.", "실현하기 위해서는 이러한 전략이 필요하다고 생각합니다.", "이런 아이디어를 추가하면 어떨까요?"라며, 제가 정리한 것과는 다른 방향의 생각이나, 빠트렸던 생각, 재미있는 아이디어가 자연스럽게 나왔습니다. 이를 통해 해상도가 높고 납득할 수 있을 만한 이미지로 진화할 수 있었습니다.

이 모습을 지켜보던 사장님은 "생각할 수 있는 토대가 있으면 디스커션이 활발해진다는 것을 깨달았습니다."라고 기쁜 표정으로 말했습니다.

초안을 가설로 바꾸기

앞서, 디스커션이란 머릿속의 이미지를 여러 겹으로 겹쳐 새로운 이미지를 만들어내는 도구라고 말씀 드렸는데, 이를 실현하기 위한 기본 형태가 존재합니다.

① 디스커션의 기초가 되는 이미지(초안)를 공유한다.

② 초안에 대해 어딘가 위화감을 느끼거나, 해상도가 낮은 부분이 있는지 체크한다.

③ 이미지를 겹쳐 보며 해상도가 높은 이미지(가설)를 만든다.

①은 이상을 생각하는 역할로서, 예를 들어 제품 기획이라고 하면 '누구에게, 무엇을, 어디서, 언제, 어떻게, 얼마에'에 관한 초안과 이에 대한 자기 나름대로의 이상을 대략적인 이미지로 그려 공유합니다.

이 단계에서는 이미지가 모호하고 자신이 없는 부분이 있을지도 모르지만, 현 시점의 버전인 것으로 하고 구성원들과 공유해 보아야 합니다. 신경 쓰이는 부분이나 자신 없는 부분이 있다면 왜 그런지 이유도 함께 메모하여 전달하면 좋습니다.

②단계에서는 추진역이 중심이 되어 구성원 전원의 관점을 빌려, 이미지에 대해 위화감을 느끼는 부분이나 해상도가 낮은 부분, 전체 스토리의 연결이 어색한 부분 등을 체크합니다. 이 때 신경 쓰이는 부분에 대해서는 자기 나름대로 이미지를 확장시켜 보아야 합니다.

이 점을 의식하지 않으면, 단순한 비판이나 모호한 지적을 하거나, 서로 제대로 이해하지 못한 상태로 아이디어를 개진하게 되어 구성원들의 생각에 혼란을 줄 수 있습니다. 그렇기 때문에 추진역을 맡은 사람은 의식적으로 초안을 체크하면서 의견을 주고받아야 합니다.

③은 현실을 생각하는 역할의 일로, 자신의 머릿속에 있는 이미지를 밖으로 꺼내면서, 초안을 보다 흥미로운 것으로, 또한 해상도가 높은 이미지로 발전시켜 나갑니다.

이와 같이 ①~③을 통해 생각해야 하는 모든 요소의 이미지를 확정하면, 추진역은 자기 나름대로의 이미지를 요약하여 구성원에게 공유합니다.

추진역은 그동안 나온 아이디어를 초안에 반영시키면서 가설을 만들어 나가는데, 처음에 말씀드린 것처럼 단순히 A+B나 A or B

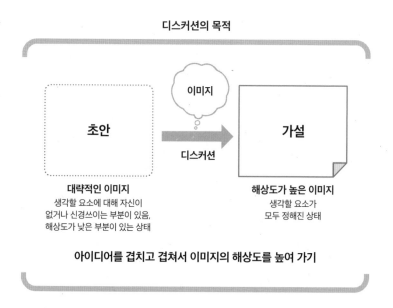

디스커션의 목적

초안 → 가설

이미지

디스커션

대략적인 이미지
생각할 요소에 대해 자신이
없거나 신경쓰이는 부분이 있음.
해상도가 낮은 부분이 있는 상태

해상도가 높은 이미지
생각할 요소가
모두 정해진 상태

아이디어를 겹치고 겹쳐서 이미지의 해상도를 높여 가기

가 아니라, A x B = C와 같은 새로운 이미지를 만들어 내야 합니다.
예를 들면 '초콜릿×유산균=장 환경을 깨끗하게 하고 건강을 지
원하는 초콜릿'과 같은 이미지입니다.

05 | 잘 와닿는 초안을 만드는 방법

CASE 05

사장님의 생각을 이해하지 못한 채 끝난 회의

어느 오너 기업의 경영 회의에 처음으로 참석했던 때의 일입니다.

창업자인 사장님은 말씀 도중에 다양한 아이디어가 떠오르는 분으로 "이런 걸 해보면 어떨까?", "이런 사람이 구입할 것 같다.", "이런 기술을 사용해 볼 수 없을까?"와 같이 머릿속에 떠오른 것을 계속해서 말씀하셨습니다. 저는 사장님의 아이디어가 다소 단편적이기도 하고, 연결점을 찾기가 힘들어서 전체적인 이미지를 떠올리기 힘들었습니다. 한편 그 자리에 있었던 임원이나 경영기획 담당자들은 사장님이 말씀을 하실 때마다 고객를 끄덕이며 "이

건 흥미롭네요!", "그렇네요."라고 맞장구를 치고 있었습니다. 저는 '아, 저분들은 내용을 잘 이해하고 있구나.'하고 감탄했습니다.

회의가 끝난 뒤, 임원 한 분에게 "다들 사장님 말씀을 잘 듣고 계셨는데, 저는 전혀 이해가 되지 않아서 제가 설 자리가 없다고 생각했습니다."라고 얘기했더니, 그 분이 쑥스러워하며 "사실은 저도 잘 모릅니다."라고 작은 목소리로 대답했습니다.

그 후에 사장님 비서와 이야기를 나눌 기회가 있어 경영 회의에서의 일을 말했더니 사장님 역시 주변 사람들이 자신의 생각을 잘 이해 못하는 것 같아 고민하고 있다는 이야기를 들을 수 있었습니다.

초안은 스토리로 정리하기

기껏 흥미로운 아이디어가 떠올랐는데, 상대방이 이해하지 못한다면 디스커션이 진행될 수 없습니다.

자신의 이미지를 상대방이 이해해 주기 위해서는 스토리로서 상대방의 머리에 각인시킬 수 있어야 합니다. 여기서는 초안을 정리하는 방법에 대해 설명 드리겠습니다.

- **Step1:** 아이디어에서 필요한 요소를 뽑아낸다.
- **Step2:** 각 요소의 이미지를 확장시킨다.
- **Step3:** 상대방이 이미지를 떠올릴 수 있도록 각 요소를 연결하여 스토리를 구성한다.

Step1은 예를 들어 어떤 제품에 대한 아이디어가 떠올랐다고 하면, '파는 요소'와 '만드는 요소'로 나누어 생각해 보는 것입니다. 파는 요소에서는 '고객', '제공 가치', '가격' 등에 주목합니다.

이 때 요소를 의식하지 않고 생각나는 대로 이미지를 확장시키면 "이런 기능을 추가하면 어떨까?"나 "개발 자금을 어떻게 하면 좋을까?" 등 팔기 위한 요소 외의 다른 생각까지 하게 되어 수습할 수 없게 됩니다.

요소를 나누어 생각을 정리하는 것에 익숙해져 있지 않다면, 요소를 논리적으로 분해할 수 있는 로직트리나, 요소를 나무 형태로 표현해 보는 마인드맵과 같은 요소 분해 기법을 활용해 보는 것이 좋습니다. 중요한 것은 각 요소를 메모장이나 스마트폰에 기록하여 가시화하는 것입니다. 머릿속에서만 생각하고 있으면 금방 생각했던 것들을 잊어버리게 되고 '앗, 뭐였지?'라고 당황하게 됩니다.

Step2는 Step1에서 생각해 낸 각 요소에 대해 자기 나름대로 이미지를 확장해 보는 단계입니다. 예를 들어 '고객'에 대해서는 '이런 상황에 있는 사람으로, 이런 니즈를 가지고 있는 사람'과 같이 구체화합니다.

회사에 따라서는 고객의 이미지를 확장하기 위해 연령이나 성별, 연봉 같은 라이프 스타일을 구체적으로 생각하는 '페르소나'를 사용하는 경우도 있습니다.

이미지를 떠올릴 수 있게 되면, 그 이미지에 이르게 된 경위도 생각해 봅시다. 자신의 머릿속에 있는 이미지를 정리해 봄으로써 자신이 생각하고 있는 것의 전체 그림을 인식해 볼 수 있습니다. 이미지가 떠오르지 않는 요소에 대해서는 모르는 상태로 두는 방법도 있지만, 가까운 사람에게 물어보거나, 인터넷에 검색해 봄으로써 가능한 범위 안에서 자신의 아이디어를 확장해 보는 것이 좋습니다.

디스커션에서 상대방에게 아무것도 없는 상태에서부터 같이 생각해보자고 하는 것과 어느 정도 기초가 있는 상태에서 의견을 내는 것은, 상대방이 느끼는 부담 면에서 큰 차이를 가집니다.

Step3은 각 요소를 연결하여 전체 스토리를 만드는 단계입니다. 스토리를 만들 때의 포인트는 골자가 되는 '요지', '주장', '결론'을 정확하게 하는 것입니다.

예를 들어 '이런 제품을 팔고 싶다'는 것을 전달한다면,

- **요지**: 팔고 싶은 제품은 이것입니다.
- **주장**: 이 제품의 콘셉트와 고객층, 가격은 이렇습니다.
- **결론**: 3년 안에 매출 50억을 목표로 하고 있습니다.

와 같이 정리해볼 수 있습니다.

이러한 요소들을 명확하게 하고 연결함으로써 상대방은 머릿속에 이 초안의 이미지를 떠올리기 쉬워집니다.

요지와 결론을 무엇으로 할지는, 상대방이 가장 알고 싶어 할

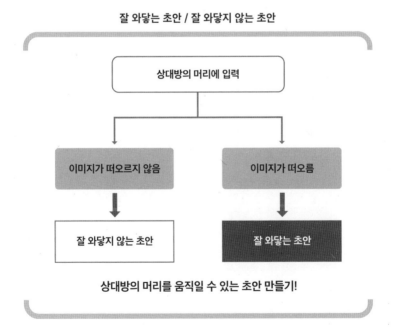

잘 와닿는 초안 / 잘 와닿지 않는 초안

것이 무엇인지를 가정하고 구성해야 합니다. 위의 예시는 제품에 대해 알고 싶어 하는 사람을 가정하고 구성한 것이지만, 매출에 대해 알고 싶어 하는 사람이라면 요지가 매출, 결론이 제품으로 순서를 거꾸로 바꾸어야 합니다.

초안의 이미지가 아직 엉성한 상태라면, A4 용지 1장 분량의 메모로 간략하게 정리하는 것으로 충분합니다. 초안의 해상도가 높은 상태로 상대방에게 상세한 이미지를 전달하고 싶은 경우에는 파워포인트 등으로 자세한 자료를 만들어 공유하는 것이 좋습니다.

목표로 하는 방향의 아이디어를 얻을 수 있도록 초안 체크하기

'사장님의 생각이 정답이니까…'로 끝나는 회의

어느 중견 기업의 신제품 판매 기획 회의에 참석했을 때의 일입니다.

사장님이 판매에 대한 이미지를 전달하고, 영업은 사장님의 이야기를 쭉 듣고 있었습니다. 사장님이 참가자들에게 '뭔가 신경 쓰이는 부분이나 질문은 없는가?'라고 물었더니 아무도 대답이 없었습니다. 저는 불안함을 느끼고 "모두 판매처나 상담 장면의 이미지를 떠올릴 수 있습니까?"라고 물었더니 다들 "괜찮은 것 같습니다."라고 대답했습니다.

그 후 제품의 판매 실적은 별로 좋지 않았고, 사장님은 이 건으로 고민에 빠져 있었습니다. 저는 회의에 영업 인원들을 모아 제품이 팔리지 않는 이유를 물어 보았습니다. 그랬더니 영업 리더가 "사장님 말씀을 들었을 때, 다른 회사에 비해 가격이 높다는 생각이 들었는데, 실제로 제안해 보니 정말로 비싸다는 말을 들었습니다."라고 대답했습니다. "왜 판매 기획 회의 때 말씀하지 않으셨어요?"라고 물었더니 리더는 "사장님이 꽤 자신 있게 말씀하셨기 때문에, 그 가격으로 팔고 싶으신가 보다 하고 생각해서 말을 못 꺼냈습니다."라고 말했습니다.

저는 "여러분이 회의에서 해야 할 일은, 타협하거나 다른 사람의 생각을 미루어 짐작하는 것이 아니라 함께 목표로 하는 모습을 생각하고 실현해 내는 것입니다. 앞으로는 뭔가 이상하다고 느끼는 것이 있으면 솔직한 의견을 말씀해 주십시오."라고 말했습니다.

초안을 바탕으로 더 좋은 생각을 끌어내는 방법

초안을 만드는 사람은, 아무것도 없는 상태에서 이런 저런 것들을 생각해 내야 하는데 모든 것을 혼자서 완성하는 것은 쉽지 않은 일입니다. 아무리 고민해도 잘 모르는 것이 있을 수도 있고, 놓쳐버린 것이 있을 수도 있습니다. 그렇기 때문에 디스커션에서 이미지를 쌓아 올리면서 해상도를 높여가는 것인데, 머릿속에 떠오른 생각을 아무렇게나 말한다고 되는 것은 아닙니다.

중요한 것은 이미지를 떠올리기 위한 '목표점'을 정하는 것으로, 이를 위해서는 초안을 제대로 체크하는 것이 중요합니다. 이때 강력한 도구가 바로 '위화감'입니다. 초안에 대한 이야기를 듣거나 자료를 읽으면서 '뭔가 이상하다', '이해가 잘 안 된다'고 느끼는 부분이 있으면 체크해 두고 이유를 생각했다가, 이미지를 전달하는 다음 단계에 활용하기 위해 준비해 둡니다.

위화감을 느끼는 대표적인 상황과 대처법 6가지를 소개하겠습니다.

이미지가 떠오르지 않는다

예를 들어 "○○을 캐치업한다."라는 추상적인 표현이나 전문용어를 사용하게 되면, 생각이 정지되거나 혼란이 일어나 구체적인 이미지를 떠올릴 수 없게 됩니다.

이럴 때에는 '이 부분에 대해 이미지를 떠올릴 수 없으니, 구체적으로 물어 봐야겠다.'거나 '어쩌면 이런 이미지를 말하는 걸까? 다음에 한번 물어 봐야지.'라고 상대의 머릿속에 있는 이미지를 확인할 준비를 해 두어야 합니다.

빠지거나 중복된 요소가 있다

고객이나 제공 가치 등, 고려해야 하는 요소가 빠져 있는 경우가 있습니다. 예를 들어 고객의 이미지를 떠올리면서 고객의 연봉이 얼마인지에 대한 가정이 빠져 있다고 하면 의문점이 생기고, 그 이후의 정보가 머릿속에 잘 들어오지 않게 됩니다. 이럴 때에는 '이 부분에서 이 요소가 빠져 있구나. 다음에 확인해야겠다.' 라고 머리를 움직여야 합니다. 또한 판매 제품에 대해 'A제품은 20~30대 여성을, B제품은 30~40대 여성을 타깃으로 하고 있습니다.'와 같이 타깃 연령에 중복된 층이 있으면, 요소가 빠져 있을 때와 마찬가지로 생각이 멈춰 버리게 됩니다. 'A제품은 20대 여성이 중심, B 제품은 30대 여성이 중심인 걸까? 이야기가 끝나면 물어봐야지.'라고 중복된 요소를 해소하기 위한 준비를 해야 합니다.

스토리가 뒤죽박죽이다

스토리가 뒤죽박죽인 것은 초안 작성에 대해 설명할 때 언급했던 '요지', '주장', '결론'의 연결이 약한 상태입니다.

예를 들어 요지가 "말차의 풍미를 살린 아이스크림을 만든다." 인데 "말차 풍미의 맛을 내는 것은 어렵다."고 전혀 반대되는 결론을 내는 경우나, "1년 내에 30억의 매출을 목표로 하여 새로운 판매점을 개척하겠습니다. 그런데 아직 영업 담당자가 1명이라 어느 정도 시간이 걸릴 것 같습니다."라고 하면, 하려고 하는 것과 말하는 것이 상반되는 경우라고 볼 수 있습니다.

이럴 때에는 자기 나름대로 스토리를 연결하여, 이를 상대방에게 물어 보고 확인해야 합니다. 후자의 경우 "1년 내에 30억 매출을 목표로 한다면 영업 1명이 월 10개 사의 판매점을 개척한다고 생각하면 되는 걸까?"라고 의문을 가져 보는 것입니다.

이미지에 비약이 있다

예를 들어 아직 어떤 제품을 만들지 정해지지도 않았는데 "3년 안에 매출 1000억을 목표로 하겠다."는 현실성 없는 목표를 설정하는 경우입니다. 회사의 중장기 계획을 수립할 때나, 회사의 사활을 건 신제품 개발을 추진할 때 자주 볼 수 있는 사례입니다. 이처럼 생각에 비약이 있다고 느낄 때는 '단계적으로 생각'할 수 있도록 해봅시다.

예를 들어 "3년 후의 일에 대해 이야기했는데, 1년차와 2년차의 이미지를 물어 보자."라거나 "3년 안에 1000억 매출이라면, 1년차에 100억, 2년차에 500억 정도의 매출인 걸까?"라고 이미지를 연 단위로 분해해서 질문을 생각해 보는 것입니다. "그건 무리예요."라고 갑자기 거부 반응을 보이지 않도록 주의해야 합니다.

나눠서 생각해 보되, 디스커션을 통해 어디에 무리가 있는지 왜

그런지에 대해 명확하게 할 수 있도록 제대로 프로세스를 밟으며
이야기를 나눠 보도록 합니다.

이미지의 방향성이 다르다

이미지의 방향성이 다른 경우 "이건 아닌데."하고 부정하는 것
이 아니라, "왜 다른 것일까?"하고 다름의 요인을 찾아보도록 해
야 합니다. 대부분은 서로의 '전제가 다른' 것에서 시작되는 경우
가 많기 때문에, '전제를 다시 맞춰 봄'으로써 해소할 수 있습니다.

예를 들어 상사가 "고객은 30대의 일하는 여성이라고 생각한
다."고 말한 것에 대해, 나는 어린아이가 있는 주부를 떠올렸다고
한다면, '30대의 일하는 여성이라고 생각한 이유를 물어 보자. 뭔
가 데이터를 바탕으로 한 것일까? 아니면 감으로 말한 것일까? 그
전제를 확인하고 내 의견을 말해 보자.'라고 생각하는 것입니다.
이미지가 다르다고 해서 감정적으로 대응하는 것이 아니라, 체크
해야 하는 것에 집중해야 합니다.

이미지가 너무 뻔하다

다른 회사의 제품을 모방하거나 아주 현실적인 목표를 제시하
는 등, 생각의 고유성이 결여된 경우라고 해도 '흥미롭지 않다.'고
생각하는 것이 아니라 '더 흥미롭게 하기 위해 어떤 부분을 바꿔
야 좋을까?'라거나 '여기에 이런 걸 더해보면 더 재밌을 것 같은

데.'라고 초안을 다시 읽으며 생각해 봅시다.

　중요한 것은 '더 재미있게 발전시켜 볼 수 없을까?', '더 멋진 목표를 설정할 수 없을까?'라고 생각을 확장시켜, 사람들이 놀랄 만한 아이디어를 낼 수 있도록 머리를 움직이는 것입니다. '이걸로 됐어'라고 바로 타협하지 않도록 유의합니다.

초안을 체크하는 대표적인 방법

이미지가 떠오르지 않는다

빠지거나 중복된 요소가 있다

스토리가 뒤죽박죽이다

초안

이미지가 너무 뻔하다

이미지의 방향성이 다르다

이미지에 비약이 있다

이미지를 떠올리기 위한 목표점 설정하기

도출된 아이디어로부터
초안의 해상도 높이기

의견을 제대로 처리하지 못하고
정리 방향도 보이지 않는 회의

어느 IT회사의 신규 사업 프로젝트를 지원하고 있을 때의 일입니다.

기획 부문의 리더와 서브리더가 정리한 경비 정산 자동화 서비스 기획 초안을 바탕으로, 회의에서 다른 멤버들과 디스커션을 진행하였습니다. 초안에서는 서비스 가격을 월 3,000원으로 설정하고 있었는데 다른 멤버들로부터 "3,000원은 솔직히 비싼 것 같다."거나 "다른 회사 서비스보다 우수하기 때문에 10,000원을 받아도 충분히 승산이 있다."라는 초안과는 다른 의견이 나왔습니다. 리더와 서브리더도 처음에는 "아 그렇군요!", "그럴 수도 있겠네요!"라며 분위기가 달아올랐으나 "월 단위 금액이 아니라 연간 금액으로 할 수는 없을까?", "옵션을 추가해서 단가를 높일 수는 없을까?" 등 다양한 의견이 계속해서 나오자, 정보를 더 이상 처리하기 힘들었는지 점점 말수가 적어졌습니다.

구성원들의 의견이 어느 정도 나온 후에, 회의가 어느 순간 정적에 휩싸이게 된 것이죠. 이 침묵은 "생각한 것을 전달했는데, 앞으로는 어떻게 진행하면 되는 걸까?"라는 참가자들의 무언의 압박과 같이 느껴졌습니다. 이때 서브리더가 "그럼 이걸 어떻게 정리해야 할까요?"라고 리더에게 묻자, 리더는 곤란한 표정으로 저에게 "어떻게 하면 좋을까요?"라고 도움을 청했습니다.

서로 다른 의견으로부터 사고의 해상도를 높이기

초안에 대해 사방팔방에서 의견이 나와 이를 처리하지 못하고 회의가 얼어버리는 경우는 자주 발생하는 광경입니다. 이는 디스커션의 내용을 정리하지 못한 채로 각자가 생각한 것을 말하다 보니, 회의 참가자들의 생각이 여러 방향으로 발산된 상태입니다. 본

질적으로는 회의 장면에서 나온 의견들을 요리하는 역할을 해야 하는 추진역의 능력에 기인하는 일입니다.

추진역의 역량이 낮으면 추진역 자신이 '이거다!' 하고 생각하는 것 없이, 나온 의견 모두를 포함시키려고 하거나, 특정인의 의견에 치우치거나, 다수결로 결정하려고 하는 등의 방법을 사용하는 경우가 발생합니다. 이렇게 해서는 기껏 참가자들이 생각해 낸 아이디어를 충분히 활용할 수 없습니다.

한편, 숙련된 추진역의 경우 1장에서 언급했던 '번역', '구조화', '요약' 등을 머릿속에서 진행시키면서, 초안을 모두가 납득할 수 있는 강력한 생각(=가설)으로 만들어 나갈 수 있습니다.

숙련된 추진역은 회의에서 나온 의견을 힌트로 삼아 고객, 제공 가치, 실현해야 하는 세계관에 대한 이미지의 해상도를 높이기 위해 머리를 움직입니다.

앞에서 다룬 예시로 말하자면, 서비스 가격이 초안에서는 월 정액으로 3,000원이었는데, 가격에 대한 의견이 나뉘고, 그 외에도 연령이나 옵션과 같은 정보가 차례차례 추가되면서 리더나 서브 리더의 두뇌 회전이 멈춰버리는 상태가 된 것을 볼 수 있습니다.

여기서 제가 바통을 이어받아 참가자들에게 가격이나 연령, 옵션에 대해 생각한 이유를 물었더니, 각자가 생각하고 있었던 고객이 달랐다는 것을 알 수 있었습니다. 가격이 비싸다고 했던 사람은 개인 사용자를 상정하고 있었고, 반대로 가격이 싸다고 했던 사람은 대기업을 고객으로 생각하고 있었습니다. 또한 연령에 대해서는 서비스 도입 시 예산을 기획하는 총무 담당자를 고객으로, 옵션에 대해서는 실제 사용자를 고객이라고 생각했기 때문에 나온 의견이라는 것을 알 수 있었습니다. 즉, 참가자들은 서비스 기획이라고 하는 관점이 아니라, 사업 성장의 관점에서 의견을 내고 있었다는 것을 깨달았습니다.

저는 "시작 단계에서는 중소기업 경영자를 대상으로 최소한의 기능만 압축적으로 제공하는 심플하고 저렴한 요금제가 포인트라고 생각해 요금을 월정액 3,000원으로 설정했습니다. 이렇게 한다면 적자가 날 일이 없겠지요. 서비스를 도입한 회사의 사내 이용자가 늘어나면, 여러분들의 의견처럼 옵션이나 연령 등을 고려한 요금제를 제안하고, 중견~대기업 도입도 기획하여 수익을 높여가는 그림이 아닐까요?"라고 회의 내용을 정리하고, "이러한 생각에 위화감이 없다면, 리더, 서브리더와 사업 전개에 대한 이미지를 정리하고자 하는데 어떨까요?"라고 말하자 참가자 전원이 이를 납득하였고, 회의를 무사히 마칠 수 있었습니다.

최후의 방법으로 추진역이 방향을 정하기

아무리 그렇다고 해도 의견이 둘로 나뉘고 있는 상황에서 "이 방향이 아닐까요?"라고 정리하는 것은 굉장히 용기가 필요한 일입니다. 하지만 누군가 "이렇게 해야 하지 않을까요?"라고 말하지 않는다면, 참가자들의 사고는 앞으로 나아갈 수 없습니다. 이러한 역할을 맡아줄 사람이 바로 추진역입니다. 예를 들어 자신이 생각하고 있는 방향성에 자신이 없다고 하더라도 "저희가 나아가야 할 방향은 여기가 아닐까요?"라고 하며, 이유를 덧붙여 의견을 전할 수 있어야 합니다. 그렇게 함으로써 참가자들은 "정말 이걸로 된 걸까?" 혹은 "이 방향으로 나아갔을 때 어떤 일이 일어날까?" 하고 사고의 폭을 한 걸음 진전시킬 수 있는 것입니다.

이를 위해 추진역을 맡은 사람은, 참가자들의 말에 귀를 기울이고, 감정적인 언어나 세부적인 이야기에 얽매이지 않고, "우리가 고객으로 설정해야 하는 것은 이런 사람이고, 제공할 가치는 이것이고, 실현하고 싶은 세계관은 이런 이미지가 아닐까?"하고 허심탄회하게 말할 수 있어야 합니다.

또한 자신의 이미지를 전달한 후, 참가자들이 "그건 아닌 것 같다."라고 말하더라도 결코 감정적으로 반응하거나 기죽지 않고 "어디가 다르다고 생각하시는지 말씀해 주세요."라고 이미지를 끌어내기 위한 방향으로 사고를 전환시키는 강단도 필요합니다.

이러한 일들을 여러 번 경험하고, 머릿속에서 이미지를 떠올리는 힘이 생기면 상대방이 "그 말이 맞습니다.", "추가적으로 이런 이미지를 덧붙이고 싶어요."라고 긍정적인 반응을 얻을 수 있게 될 것입니다.

서로 다른 의견에서 새로운 생각 끌어내기

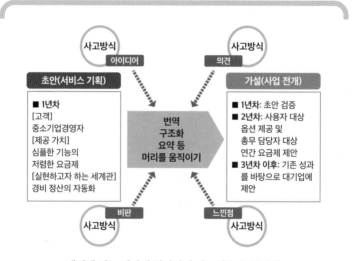

배경에 있는 생각에 착안하여 사고의 틀을 넓히기

초안을 가설로
만들어내는 포인트

개선 방향은 알겠는데 '실제로 어떻게 하면 되는 거지?'

어느 기업에서 경영 방침을 정하는 회의가 막바지에 다다르고 있었습니다. 회의가 끝나갈 때쯤 사장님이 "경영 방침이 대략적으로 정해졌으니, 구성원들에게 발표하고 싶습니다."라고 말했습니다.

제가 "발표하시는 것은 괜찮은데, 전례 없는 파격적인 개혁인 만큼, 구체적으로 어떻게 하겠다는 이야기가 없으면 구성원들이 곤란할 것이라고 생각합니다. 경영 방침에 따라 어떻게 실행해 나갈지 정리하고 나서 발표해도 늦지 않다고 생각하는데 어떠신가요?"라고 제안하자, 사장님은 "구체적인 실행 방안은 여기 있는 임원들이 각자 생각하고 진행하면 되겠지요."라고 대답하고 회의가 마무리되었습니다.

이후, 사장님이 경영 방침을 발표하고 나자 그 직후부터 저에게 메일이나 전화로 "앞으로 저희는 어떻게 되는 걸까요?"라거나 "거래처에 이 방침에 대해서 설명하는 게 좋을까요?" 등의 문의가 쇄도했습니다.

다른 임원들도 상황은 비슷했습니다. 결국 사장님이 전 구성원에게 "앞으로 구체적인 실행 방안에 대해서는 하루빨리 협의하여 공유할 수 있도록 하겠습니다. 조금만 기다려 주십시오."라고 메일을 쓰기까지 이르렀습니다.

가설로 사람을 움직이기

저는 회의를 하면서 '가설'을 세우는 것을 중요하게 생각하는데, 여기서 가설이란 생각해야 할 요소에 대한 이미지를 확고하게 하는 것을 뜻합니다. 예를 들어 어떤 제품에 대한 가설을 제대로 세웠다면 "아, 이런 제품이겠구나." 하고 이미지를 떠올릴 수 있어야 합니다. 누군가 내용에 대해 의문을 제기한다고 해도, 어떤 질문에든 대답할 수 있는 상태가 되어야 합니다.

하지만 이것만으로는 가설로서 50점밖에 되지 않습니다. 생각해야 할 요소의 이미지에 더하여 "그래서 다음 단계엔 이렇게 한다."라는 구체적인 실행 방안까지 포함하고 있어야 만점이 될 수 있습니다.

예를 들어 제품 기획이라고 한다면 "이번에 새로 출시할 제품입니다."라고 제품의 이미지를 보여준 후 "제품은 정해졌고 다음 순서로 판촉 기획으로 넘어가겠습니다."라고 할 일을 제시할 수 있어야 합니다.

앞의 사례를 보면 경영 방침을 설정하는 데까지는 순조롭게 진행되었지만, 구체적인 실행 방안이 빠져 있었습니다. 그 원인은 '실제로 움직여야 할 상대방의 관점'이 빠져 있었기 때문입니다.

사장님은 '경영 방침만 전달하면 조직이 알아서 움직이겠지.'라고 생각했지만 저는 '방향성을 제시한 다음에 해야 할 일은 조직이 움직이기 위한 구체적인 기획 검토'라고 생각했습니다. 여기서 저와 사장님의 생각에 온도차가 있었던 것이지요.

이 사태를 겪고 난 후, 경영 회의에서는 구성원의 반응을 토대로 '사내 문의 창구'를 신설하고 '개혁 추진 프로젝트'를 발족하여 경영방침을 실행하기 위해 움직였습니다.

이러한 방안들은 제가 초안으로 삼고 어느 정도 사전에 공유가 된 상태였기 때문에, 회의에서는 빠르게 의사 결정을 내릴 수 있

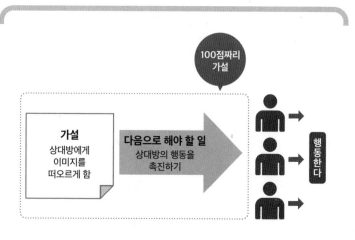

가설의 역할

100점짜리
가설

가설
상대방에게
이미지를
떠오르게 함

다음으로 해야 할 일
상대방의 행동을
촉진하기

행동한다

가설을 통해 다른 사람의 머리나 몸을 움직이게 만들기

었습니다.

이후에 사장님이 전 구성원에게 메일을 보냈고, 저는 각 담당자와 함께 기획을 추진해 나갔습니다.

이미지가 정해지는 것만으로는 아직 미완성으로, 움직일 상대방과 움직이게 하기 위한 이미지를 가지고 실행 단계까지 그려내지 않는다면 가설이라고 말할 수 없습니다.

09 : 결정을 내리기 어려울 때는 가설을 종이에 옮겨라

매번 이야기가 제자리걸음으로 진전이 없는 회의

어느 광고 회사의 신규 사업 기획 회의에 참가했을 때의 일입니다.

프로젝트 리더는 매번 회의 내용을 정리한 메모를 나눠주고 참가자들과 이야기를 나누었는데, 수 차례 회의가 거듭되는 중에도 메모 내용은 별로 달라진 점이 없었고, 회의는 점점 꽉 막힌 것처럼 정체되어 갔습니다.

그리고 다음 회의에서 젊은 참가자 한 명이 "이 회의 계속 이어갈 의미가 있나요?"라고 말을 꺼냈고, 다른 참가자도 "이야기가 제자리걸음 상태인 것 같아요."라고 불만이 이어지기 시작했습니다. 이를 듣고 있던 리더는 다소 당황했지만 "여러분들의 의견도 듣고 착실하게 잘 진행되고 있다고 생각하는데요, 다음 번에는 조금 더 구체적으로 검토할 수 있도록 하겠습니다."라고 말하고 회의를 마무리했습니다. 저는 리더에게 "다음 번 회의의 디스커션 페이퍼는 제가 만들어 볼까요?"라고 제안했고, 리더도 흔쾌히 받아들였습니다.

저는 리더가 만든 초안을 바탕으로 지금까지 회의에서 논의가 진행된 내용을 정리하고, 가설 수립에 이르기 위해 거쳐야 할 몇 가지 논점들을 작성해 보았습니다. 그리고 리더에게 "이 자료를 바탕으로 참가자들과 눈높이를 맞춘 상태에서 남아 있는 논점들을 의논해 주세요."라고 전했습니다.

다음 회의에서 기획은 잘 정리되었고, 참가자들은 "지금까지 애매모호했던 것들이 깔끔하게 해소되었습니다."라고 말했습니다.

디스커션 페이퍼를 활용해 사고를 쌓아 올리기

회의 중에 아무리 좋은 논의가 진행되었다 할지라도 허술한 부분이 남기 마련입니다. 초안에서 시작해 가설을 세우기까지 이와 같은 사고의 빈틈을 채워갈 필요가 있습니다. 이러한 빈틈을 채우는 것이 종이에 옮겨 적는 작업입니다.

디스커션 내용을 돌아보며 '앞으로 무엇을 결정하면 기획이 완성될까?', '애매한 부분은 어디인가?' 등을 생각하면서 이미 결정한 부분과 앞으로 결정해야 할 부분을 나누어 자료로 만듭니다. 이 자료가 바로 다음 회의의 디스커션 페이퍼가 되는 것입니다. 참가자들의 머릿속에 있는 이미지를 서로 맞춰 보면서, 정해야 할 부분에 의식을 집중하여 이미지를 끌어내는 도구로서 활용해야 합니다.

이때의 포인트는 디스커션의 내용을 자료로 만드는 것이 아니라, 결정한 부분에 대해서는 '이렇게 한다'는 것을 정확히 드러내고, 결정해야 할 부분에 대해서는 '만약 이렇게 해본다면'이라고 생각할 부분을 남겨두는 것입니다.

예를 들어 제품 기획을 한다고 하면 "제품은 이런 모양으로, 가격은 3천원으로 한다. 발매 시기는 10월~11월로 가정하고 있는데, 발매 시기를 정하기 위한 디스커션을 진행하고 싶다."라고 할 수 있습니다.

이렇게 표현함으로써, 결정한 부분에 대해서는 "정말 이렇게 해도 괜찮은가?"라고 확인할 수 있는 방향으로, 결정해야 할 부분에 대해서는 "더 좋은 방법이 있지 않을까?"라는 방향으로 사고를 확장시켜 참가자들의 두뇌를 움직일 수 있게 됩니다.

'대화 내용을 남기는' 것이 아닌 '사고의 족적을 남기기'

많은 회사에서 회의록이나 회의 중 작성한 메모를 보게 되면, 제가 가장 알고 싶은 '초안은 무엇이고, 가설을 위해 어떤 요소를 어떤 순서로 어떻게 생각해야 하는지, 무엇이 결정 되었고 앞으로 어떤 것을 결정해야 하는지'에 대해 대부분 적혀 있지 않습니다.

중요한 것은 대화 내용을 빠짐없이 기록해서 남기는 것이 아니라, 사고의 족적을 남기는 것입니다.

초안에서 가설까지 디스커션의 프로세스를 종이에 옮기는 것은, 중간에 새로운 참가자가 들어오게 될 때나 현황 보고를 해야할 때 금방 이미지를 맞춰갈 수 있는 토대가 되기 때문에 서로의 신뢰 관계 구축으로 이어집니다.

이러한 신뢰가 없기 때문에 불필요한 의견 교환을 반복하게 되거나, 의사소통에 문제가 생겨 '저 사람은 안 되겠어.' '눈치가 없어.'와 같은 잘못된 방향으로 생각이 흘러가게 되는 것입니다.

귀찮다고 생각하는 사람도 있을 수 있지만, 반드시 사고의 흐름을 종이에 정리하는 습관을 가져야 합니다.

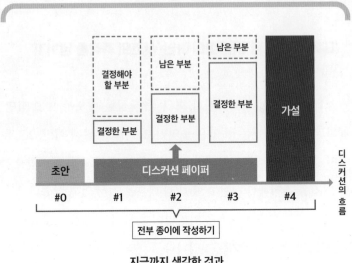

사고를 쌓아 올리기

			남은 부분	
결정해야	남은 부분		결정한 부분	가설
할 부분				
결정한 부분	결정한 부분			

| 초안 | 디스커션 페이퍼 | | | |
| #0 | #1 | #2 | #3 | #4 |

디스커션의 흐름

전부 종이에 작성하기

**지금까지 생각한 것과
앞으로 생각해야 할 것을 명확하게 하는 것이
디스커션 페이퍼의 역할**

절대 하면 안 되는
디스커션 주의 사항

'생각의 눈높이 맞추기'를 소홀히 하는 경우

어느 회의에서 참가자들은 적극적으로 의견을 개진하고, 활발한 디스커션이 이루어지고 있었습니다. 다만 회의 분위기가 너무 무르익다 보니 이야기가 자꾸 산으로 가는 느낌이 들고 있었습니다. 그럼에도 불구하고 진행자는 개의치 않고 의견에 귀를 기울이고 있었습니다. 이야기가 일단락되자, 참가자 중 한 명이 "어? 그런데 무슨 이야기를 하고 있었는지 잘 모르겠어요."라고 말했고 모든 사람들이 '어떡하지?'라는 얼굴을 하고 있었습니다.

제가 '여러분은 가상의 고객에 대해 이야기를 하고 있었고, 결론으로 사회 생활을 하는 30대 남성을 주요 타깃으로 하고 있는 이미지를 얻었습니다. 그렇다면 다음 단계로 넘어가서, 고객에게 제공해야 할 가치에 대해 이야기해보면 어떨까요?"라고 말했더니, 모두 수긍하는 표정을 지었고 디스커션은 다음 단계로 나아갔습니다.

　이미지가 부풀기 시작하면 참가자들은 즐거운 마음에 머릿속에 떠오른 것을 말하게 됩니다. 하지만 마음대로 생각나는 것을 말하다 보면 지금 무슨 이야기를 하고 있었는지 잊어버리게 되고, 디스커션의 진행 방향도 잃어버리게 됩니다. 그렇게 되지 않기 위해서, 아이디어가 어느 정도 나온 타이밍을 잘 관찰했다가 앞으로 나아갈 방향에 대해 보여줘야 합니다. 여기서 포인트는 ① 이야기하고 있던 내용을 돌아보고, ② 결론을 한마디로 정리하고, ③ 다

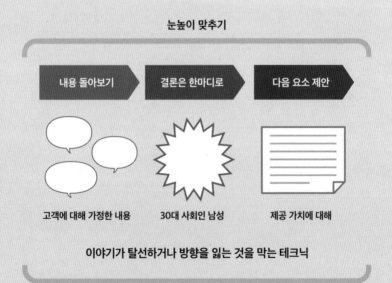

눈높이 맞추기

내용 돌아보기　결론은 한마디로　다음 요소 제안

고객에 대해 가정한 내용　30대 사회인 남성　제공 가치에 대해

이야기가 탈선하거나 방향을 잃는 것을 막는 테크닉

음으로 생각해야 할 요소에 대해 제안하는 것입니다.

무조건 부정하기

어느 회의에서 젊은 사원이 "이렇게 생각해 보면 어떨까요?"라고 제안했는데, 같이 있던 사장님이 "그런 아이디어는 못 써."라고 말하자 분위기가 가라앉았습니다.

사장님이 "더 좋은 의견 없나?"라고 했지만, 아무도 생각한 것을 말하려고 하지 않았습니다. 사장님은 "나는 이렇게 하는 게 좋다고 생각했지."라고 하며 자신있게 말을 꺼내기 시작했습니다. 이에 대해 어느 직원이 "그건 어려울 것 같습니다."라고 말하자 사장님은 "자네는 항상 이런 식이라서 안 되는 거야."라고 격노했습니다.

상사가 아무리 "편하게 의견을 말해도 돼."라고 말해도, 구성원에게는 자기 생각을 윗사람에게 전하는 것은 많든 적든 긴장되는 일입니다. 이를 극복하고 생각을 전달했다고 해도, 상사가 무조건 부정하기만 하면 그 이후로 아무 말도 못하게 됩니다.

반대로 위에서 아래로 의견을 전할 때도 마찬가지입니다. 구성원의 말에는 귀를 기울이지 않고, 자신의 생각만 강요하게 되면 더 이상 의견이 나오지 않습니다.

그렇게 되지 않기 위해 상대방의 생각을 무조건 부정하는 것이

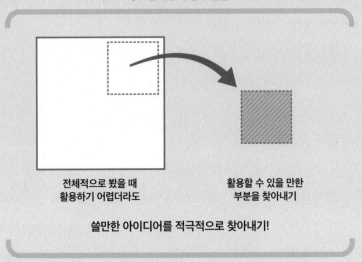

무조건적인 부정은 금물

전체적으로 봤을 때
활용하기 어렵더라도

활용할 수 있을 만한
부분을 찾아내기

쓸만한 아이디어를 적극적으로 찾아내기!

아니라, 일단은 받아들이고 쓸만한 생각이 있는지 찾아내도록 해야 합니다.

예를 들어 생각의 일부를 떼어 내서 "그 생각의 이 부분은 흥미롭네."라든지, 생각한 이유를 물어 보고 "이런 발상은 유용하겠어."라고 할 수 있는 것입니다. 누구든 자신의 생각이 일부라도 받아들여지면 기쁠 수밖에 없습니다.

'문제없겠지'라고 생각하며 지나가기

어느 상품기획 회의에서 제조 방법을 생각하는 디스커션을 진행할 때였습니다. 같은 자리에 있던 제조부문 리더가 "지금까지 비슷한 상품을 만든 적이 있기 때문에 아마 기술적으로는 문제없다고 생각합니다."라고 대답했습니다. 상품은 결정되었고, 샘플을 만들려고 했을 때 제조부문 리더가 "자사 제조 라인에서는 제작이 불가능하다는 것을 알았습니다."라고 죄송해하며 말했습니다. 결국 상품은 처음부터 다시 생각해야 하는 상황이 되었고, 그 리더는 프로젝트에서 제외되었습니다.

디스커션에서는 참가자들이 가지고 있는 지식이나 경험을 한데 모아 초안에서부터 가설까지 만들어 나갑니다. 이는 건설 현장과도 닮아 있는데, 건물을 지을 때 "이 공사는 이런 거고, 아마 이렇게 하면 괜찮겠지"하고 날림으로 건물을 지으면 어떻게 될까요?

디스커션도 마찬가지입니다. 한 사람이라도 손을 놓아 버리면 지금까지 쌓아 올린 이미지가 모두 물거품이 되어버립니다. 만약 자신 없는 부분이 있다면 그냥 넘기지 말고 반드시 확인하고, 필요하다면 회의 의제로 설정하도록 해야 합니다.

'아이디어'를 흘려 보내기

어느 신제품 판매 회의에서 소매점 납품이 잘 이루어지지 않는다는 문제를 주요 안건으로 다뤘습니다. 영업 담당 직원 한 명이 '지금은 제품의 고객 인지도를 높여야 되는 단계이니 납품 결정에 시간이 걸리는 대형 체인점보다는, 작은 규모의 가게라도 발품을

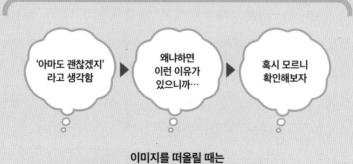

팔아서 한 군데라도 더 많은 가게에 납품하는 것을 목표로 하면 어떨까요?'라고 제안했습니다. 하지만 다른 직원들은 그 아이디어에 대해 반응을 보이지 않았습니다.

저는 그 아이디어도 가능성이 있다고 생각해 "할 수 있으면 한 번 해보면 어떨까요?"라고 말하고 "영업 담당하시는 분들 중에 제안할 만한 점포들이 있으신가요?"라고 물었더니 몇 명의 직원들이 구체적인 가게 이름을 대기 시작했습니다. "그럼 한 번 해보시죠."라고 하고 실행에 옮겼습니다. 그 결과 해당 제품을 제안했던 모든 가게에 납품을 할 수 있게 되었습니다.

기껏 새로운 아이디어가 나왔는데도 이를 활용하지 못한다면 아무런 의미가 없습니다. 거꾸로 말하면, 아이디어는 활용함으로써 가치가 생겨나는 것입니다. 저는 쓸데없는 아이디어는 없다고 생각합니다. 아이디어를 가치 있게 할지 안 할지는 사람이 하기에 달려 있습니다. 누군가 제안한 아이디어를 그냥 두거나, 흘려버리지 않고 잘 받아들여서 활용하는 이미지를 머릿속에서 그려 보아야 합니다.

이미지가 떠오르지 않는데도 회의를 계속 이어가기

어느 기업의 제품 이미지를 결정하는 회의에 참가했을 때의 일입니다. 회의 중 저는 사장님의 호출을 받고 자리를 비웠습니다.

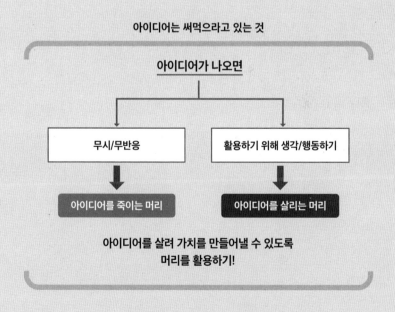

아이디어는 써먹으라고 있는 것

아이디어가 나오면

| 무시/무반응 | 활용하기 위해 생각/행동하기 |

아이디어를 죽이는 머리 **아이디어를 살리는 머리**

아이디어를 살려 가치를 만들어낼 수 있도록 머리를 활용하기!

1시간 후에 회의실 앞을 지나가는데 아직도 회의가 진행 중이었습니다.

제가 "제품의 이미지는 결정이 되었을까요?"라고 참가자들에게 말을 걸었더니 "더 이상 이미지가 확장되지 않아서 고민하고 있었습니다."라고 하는 것입니다. "원인에 대해 이야기 나누셨나요?"라고 물었더니 "아니요, 그 얘기는 안 했습니다."라고 해서 "여러분의 머릿속에 이미지가 더 이상 확장되지 않는 상태라고 생각되어서, 오늘은 회의를 끝내고 각자 이미지를 떠올려 본 다음에 며칠 뒤에 다시 회의를 시작하는 것이 어떨까요?"라고 제안했습니다. 참가자들은 안심한 표정으로 말했습니다. "누군가 그 말을 해 주기를 바라고 있었습니다."

제가 광고회사에 근무할 때 했던 크리에이티브 회의는 3시간, 4시간씩 진행하는 것이 당연한 것이었습니다. 다른 팀에서는 회의를 12시간 했다는 이야기도 들은 적이 있었습니다.

그 때의 경험에서 배운 것은 이미지가 떠오르지 않는다면 빨리 회의를 끝내야 된다는 것이었습니다. 머릿속에 아무런 이미지도 없는데 아무리 붙잡고 늘어져도 더 이상 아이디어는 나오지 않습니다.

이러한 상태로 언제까지고 회의를 끌고 가는 것은 시간 낭비입니다. 그럴 때에는 이미지의 방향성에 맞는 인풋이 필요합니다.

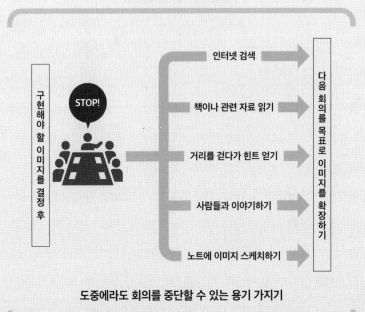

회의에서 "다음 회의에서 이미지를 결정하기 위해, 이러한 방향으로 아이디어를 떠올려 봐 주세요."라고 하고 각자 인터넷 검색을 하거나, 참고가 될 만한 자료를 읽어 보거나, 거리를 걷다가 힌트를 얻거나, 사람들과 이야기를 하면서 상상력을 발휘하거나, 노트에 이미지를 스케치해 보는 등 다양한 작업을 해보도록 제안해야 합니다.

문제가 있다고 생각하면서도 그냥 진행하기

어느 기업에서 신제품 기획 회의가 진행되고 있었습니다. 사장님의 제안으로 기획이 구체화되고 있었는데, 고객의 니즈, 제조, 가격 등 명확하게 하고 넘어가야 할 부분에서 문제가 발생하고 있었습니다. 하지만 기획 담당자들은 사장님의 제안에 따라 상품화하기 위해 전력을 다하고 있었습니다. 저는 중간부터 회의에 참가했는데, 정말 이 제품으로 괜찮은 건지 의문을 가지고 사장님에게 생각을 다시 물어 보았더니 이 제품은 생각하던 이미지와 다르다는 것을 알게 되었습니다. 여기서 한층 더 나아가 구체적으로 이미지를 물어 보았더니 전혀 다른 제품이 나왔고, 기획 담당자들도 "이 제품이라면 실현 가능하겠다."는 의견이 나왔습니다.

저는 "이제부터 기획하는 제품의 방향을 바꿔보지 않으실래요?"라고 제안하고 사장님을 포함한 전원의 합의를 얻을 수 있었습니다. 나중에 기획 리더에게 "그 타이밍에 제품의 방향성을 바꿀 수 있을 것이라고는 생각 못했어요."라는 말을 들었습니다.

회의를 거듭하며 생각을 깊이 있게 하다 보면 진행 방향이 틀렸다 하더라도 어떻게든 뚫고 나가려고 하지 다시 처음으로 돌아가려고는 하지 않게 됩니다.

소위 '콩코드 효과'라고 불리는 것으로, 시간이나 돈을 많이 투자해 버리면 손실이 날 것을 알고 있어도 그만둘 수 없는 상태에

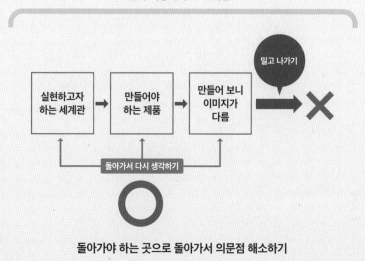

'뭔가 이상하다'고 느끼면…

밀고 나가기

실현하고자 하는 세계관 → 만들어야 하는 제품 → 만들어 보니 이미지가 다름 → ✕

돌아가서 다시 생각하기

돌아가야 하는 곳으로 돌아가서 의문점 해소하기

빠져 버립니다. 모두가 이런 상태에 빠져버렸을 때에는 원점으로 돌아가자고 제안하는 것이 쉽지 않지만, 뭔가 이상하다고 느끼면 원인이 되는 곳까지 돌아가야 합니다.

앞선 사례에서는 '이 제품으로 실현하려고 하는 세계관'의 이미지를 이야기해보면서, 세계관과 만들려고 하는 제품의 간극들 발견한 것이 계기가 되었습니다.

제 3 장

고객을 창조하는
회의
(방향성 설정·기획 편)

회의로 조직의 사고와 행동 속도를 높이기

'완성되는 대로 회의 합시다'가 납기를 늦춘다?

어느 회사의 신제품개발 회의에 참가했을 때의 일입니다.

'이상뇌'인 프로젝트 리더와 '현실뇌'인 제조 담당이 시제품 개발을 진행 중이었습니다.

몇번의 시제품 제작을 거쳐 드디어 제품 방향이 정해졌습니다. 제조 담당은 "최종 시제품을 이제부터 만들 텐데, 지금 제조라인이 꽉 차서 라인이 비는 대로 착수하겠습니다."라고 말했습니다.

프로젝트 리더는 "그러면 시제품이 완성되는 대로 회의를 다시 하기로 하죠."라고 하고 회의를 끝내려고 했습니다.

저는 놓치지 않고 "개발 기한이 있으니, 역산해 보면 2주 내에
는 시제품이 만들어져야 기한을 맞출 수 있습니다. 다음 회의에
서 결정할 것들도 있으니, 2주 내로 회의를 잡고 그에 맞춰 제품
제작 방향을 생각해 보는 것이 어떨까요?"라고 제안했습니다.

그리고 제조 담당에게는 "1주일 내에 시제품을 만들 수 있도
록 라인 조정이 가능할까요?"라고 말하고, 프로젝트 리더에게는
"1주일 후 같은 시간에 회의를 잡고, 그때 다같이 시제품 진행 상
황을 확인하는 것이 어떨까요?"라고 말했고, 다들 그렇게 하자고
대답했습니다. 이후 모두가 회의 기한에 맞춰 움직였고, 2주 내에
제품은 결정되었습니다.

회의를 문제해결이 아닌 목표 실현을 위해 활용하기

아직까지 회의를 '문제가 생기거나 결정해야 할 일이 생겼을 때
하는 것'이라고 생각하는 기업이 있습니다.

이건 아주 잘못된 일입니다. "이때까지 이것을 결정하고 싶으
니, 이를 목표로 회의를 하자."라고 생각하는 것이 제대로 된 회의
활용법입니다. 회의란 조직의 사고와 행동에 가속도를 붙이기 위
해 사용하는 것입니다.

재미있는 것은 사람들이 "회의합시다".라고 말하면, 그때까지 뭔가 해야 된다고 의식하게 된다는 것입니다. 좋은 의미로의 압박이기도 하고, 회의를 하기로 함으로써 자발적으로 사람들의 행동을 촉진한다는 효과도 있습니다. 이를 잘 활용해서 회의를 먼저 정하고 행동을 역산해 나가면 사람은 움직이기 쉬워집니다.

거꾸로 말해, 차근차근 쌓아가는 방식의 회의를 하게 되면 다양한 방해 요인으로 인해 스케줄은 분명 지연되기 마련입니다. "이렇게 하면 그때 회의를 합시다."가 아니라 "이것을 이때까지 정하기 위한 회의를 합시다."라고 의식적으로 생각해야 합니다.

그리고 회의의 마무리에는 반드시 다음 회의 일정을 정해서 각각의 참가자가 일정에 맞춰서 해야 할 일을 할 수 있도록 해야 합니다.

저는 회의란 어떻게 하느냐에 따라 좋은 약이 될 수도 있고 독이 될 수도 있다고 생각합니다. 아무리 좋은 약도 과용하면 몸에 독이 되는 것과 같이 회의를 많이 하는 것이 좋은 것은 아닙니다.

회의를 너무 많이 하는 것은 생산성을 낮출 뿐입니다. 왜냐면 조직이 생각하고 결과를 낼 수 있는 시간을 빼앗기 때문입니다.

회의는 상황과 타이밍에 따라 잘 구분하여 활용함으로써 제대로 된 기능을 발휘할 수 있습니다. 다음으로는 회의를 어떻게 구분해야 하는지 방법을 알려드리겠습니다.

올바른 회의 사용법

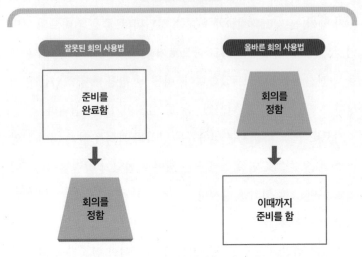

잘못된 회의 사용법

준비를
완료함

회의를
정함

올바른 회의 사용법

회의를
정함

이때까지
준비를 함

조직의 사고와 행동 속도를 높이기 위해 사용

02 모두에게 보이는 회의 지도를 가질 것

CASE 11

부문장의 한마디가 회의와 조직을 잘못 이끈다

어느 기업의 회의에 참가했을 때의 일입니다.

부문장이 "회사 전체 매출이 감소하고 있어 큰 문제입니다! 빨리 영업 회의를 열어 세일즈 대책을 세워야 합니다."라고 말했습니다. 저는 문제의 본질이 어디 있는가 궁금해져 부문장에게 "매출을 회복하기 위해 해야 할 일이 정말 세일즈에 관련된 것일까요? 우선은 어떤 고객층이 떠났고, 원인이 어디에 있는지 분명히 하기 위한 의논을 하는 것이 어떨까요?"라고 제안했습니다.

부문장은 불만이 있어 보였지만, 다른 참가자들이 "저도 그렇게 생각합니다."라고 지원 사격을 보냈고, 세일즈 대책에 앞서 회사에서 목표로 하는 모습이나 현상에 대해 이야기를 나누기 시작했습니다. 그 결과 일부 고객의 니즈와 상품의 제공 가치에 격차가 발생하기 시작했고, 경쟁사의 상품으로 고객들이 이동하기 시작했다는 것을 알게 되었습니다.

여기서 떠나고 있는 고객층에 대해 긴급 처방으로 내세울 만한 신제품 개발을 진행하여, 6개월 뒤에는 제품을 출시할 수 있도록 했고 매출은 서서히 회복되었습니다. 아마도 부문장이 이야기했던 것처럼 세일즈 대책만 세워 행동했다면, 모두가 신제품 개발이 아니라 영업에 뛰어들어 고전을 면치 못했을 것이라 생각합니다.

훗날 부문장은 "저도 사실은 신제품 필요한 것이 아닐까 생각했는데, 매출을 회복시키는 것에 집중하다 보니 너무 성급했던 것 같아요."라고 말했습니다.

회의에서는 반드시 지도를 확인할 것

목표로 하는 모습이나, 도착지까지의 길이 애매모호한 상태로 행동하면 뭔가 문제가 생길 때마다 우왕좌왕하게 됩니다. 또한 문제의 본질에 다가가지 못하고 응급 처치만을 반복해서 잘못된 방향으로 나아가곤 합니다. 그리고 생각한 대로 진행되지 않으면 책임을 전가하거나 힘으로 밀어붙이는 일이 생겨버립니다.

조직이 이렇게 되지 않기 위해서는, 자신들이 목표로 하는 것은 어디인지, 지금 어디에 있고 어디로 나아가려 하는지 한 눈에 볼 수 있는 '지도'를 항상 가지고 움직여야 합니다.

그리고 회의에서는 반드시 지도를 확인하며 '목표는 무엇인가', '현재 위치는 어디인가', '문제는 어디에 있는가', '무엇을 어떻게 바꿔야 하는가'를 분명히 해야 합니다.

지도가 있으면 실행 단계에서 일어날 문제들을 정확하고 빠르게 처리할 수 있게 됩니다. 이는 내비게이션을 보며 운전을 하고 있는 상황과도 유사합니다.

앞선 사례에서 부문장은 머릿속에 어렴풋한 이미지의 지도는 가지고 있었지만, 눈앞의 매출 감소에 당황해서 그때까지의 경험치로 "영업으로 매출을 회복해야 한다."는 잘못된 답을 내버렸습니다.

본래 고객 창조란 다이나믹하고 재미있는 활동이지만, 앞서 본 사례에서처럼 잘못된 판단으로 실패하면 "그 프로젝트는 힘들었다."라고 생각하게 됩니다. 사람은 한 번 실패를 경험하면 지금 하고 있는 일에 대해 전체적으로 부정적인 이미지를 가지게 되고, 다시 도전하고 싶다는 생각을 하지 않게 되고, 조직에서 고객 창

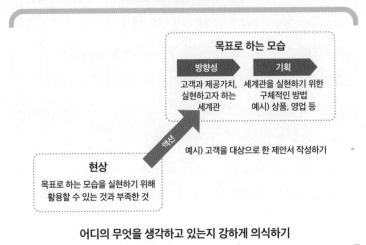

고객을 창조하는 회의의 지도

목표로 하는 모습

방향성 → 기획

고객과 제공가치, 실현하고자 하는 세계관

세계관을 실현하기 위한 구체적인 방법 예시) 상품, 영업 등

액션

예시) 고객을 대상으로 한 제안서 작성하기

현상

목표로 하는 모습을 실현하기 위해 활용할 수 있는 것과 부족한 것

어디의 무엇을 생각하고 있는지 강하게 의식하기

조를 위한 에너지는 떨어지게 됩니다.

저는 고객을 창조하는 것의 즐거움을 사람들이 체험할 수 있었으면 하는 바람에서, 회의에서 사람들의 머리를 움직이고, 지도의 해상도를 높여가는 것에 주력해 왔습니다.

지도를 가지고 있음으로 인해 길을 잃지 않는 것뿐 아니라, 유연하게 더 좋은 길을 개척할 수도 있고, 목적지를 조정할 수도 있습니다. 뒤에서도 말씀드리겠지만, 머릿속에서 생각하는 지도와 실제 실행을 해보며 사용하는 지도에는 격차가 발생합니다.

내비게이션이 안내한 길로 달리기 시작했지만, 도중에 길이 정체되거나 사고가 발생하면 새로운 경로가 나타나기도 하고, 들르고 싶은 장소가 생겨 목적지를 변경하기도 하는 것과 비슷합니다.

생각한 것과 실행에 옮긴 단계에서 처음에 생각한 것과 목표가 달라지더라도, 당황하지 않고 스마트하게 경로 수정을 할 수 있는 지도를 가져야 합니다.

**방향성·기획 없는 행동은
성과가 없다**

리더의 의지라고는 하지만
'정말로 해야 할 일 맞습니까?'

지인을 통해 한 엔터테인먼트 회사의 사장님을 소개받고, 조직
혁신 방법에 대한 상담을 해드린 적이 있습니다.

　사장님이 "창업자인 회장님이 구성원의 활기가 점점 없어지는
것이 문제라고 생각해서 기업의 신조를 정리한 비전을 선포하고
싶다고 하십니다. 그 일을 의뢰할 수 있을까요?"라고 말했습니다.
저는 "비전을 못 만들 것은 없지만, 회사가 목표로 하는 모습을 확
실히 이해한 상태로 앞으로 어떤 일을 해야 할지 의논하고 싶습

니다."라고 답을 했습니다. 사장님은 "회장님이 비전을 액자로 만들어 배포하고 싶어 하시기 때문에 의논할 필요는 없다고 생각합니다."라고 말했지만, 저는 아무리 생각해도 현 시점에서 비전을 만들고 배포하는 것이 기업의 성장에 연결되는 일인지 이해할 수 없었고, 이야기는 그걸로 끝이 났습니다.

몇 년 후, 오랜만에 그 지인과 만나서 이야기를 들어보니 비전도 흐지부지 없어져 버렸고, 그 사장님은 실적 저하의 책임을 지는 형태로 사임했다는 것을 알게 되었습니다.

방향성과 기획 없이 행동은 있을 수 없음

천재적으로 직감이 날카로운 사람은 방향성이나 기획 없이도 구체적인 행동을 할 수 있지만, 대부분의 사람들은 그렇게 하려다가는 실패하고 맙니다. 방향성을 정한다는 것은 조직이 나아가야 할 대략적인 방향을 제시하는 것으로, 고객과 제공 가치, 그리고 실현해야 할 세계관을 이미지로 떠올려 보는 것입니다.

기획이란 방향성을 설정한 후, 이를 실현하기 위한 구체적인 방법으로, 구성 요소를 따져 보면 '5W1H+P'(Who, What, Why, When, Where, How, Price)로 나눠볼 수 있습니다. 사례에서 본 기업의 회장님은 "비전을 선포하고 싶다."고 말한 것 같은데, 제 머릿속에서는 '실적은 떨어지고 있는데, 새로운 고객을 찾아내지 못하고 숫자만 따지고 있는 구성원들에 대해 신제품이나 신규 사업 개발에 도전 하길 원하고 있는 것 아닐까?'라는 생각이 들었습니다. 또한 당시 에는 다양한 애니메이션 캐릭터 등 콘텐츠 개발에 주력해서 팬이 조금씩 늘고 있었기 때문에 '팬들이 기뻐할 만한 재미있는 상품을 기획해주기를 기대하고 있는 것 아닐까?'라고 추측할 수 있었습니다.

만약 그렇다고 하면 실행에 옮겨야 할 것은 비전 선포가 아니라 회사가 추구하는 방향을 간단하게 정리해서 상품 기획을 위한 프로젝트를 만들고, 구체적인 기획을 통해 결과물을 내는 것이 아닐까 하고 생각했습니다. 몇 년 뒤에 그 기업의 결산보고서에는 어느 유명 콘텐츠의 상품 개발 프로젝트를 시작했다는 내용이 적혀 있기도 했습니다.

사장님 입장에서는 먼 길을 돌아왔다고 생각할 수도 있지만, 고객 창조를 위한 지도를 보여주며 "사장님이 말씀하시는 것은 실행 부분인데, 이것이 정말 목표 달성을 위한 행동인지 한번 확인 해 주셨으면 합니다."라고 직언할 수 있어야 합니다. 제가 만약 앞선 사례의 회장님과 직접 대화할 수 있었다면 회장님은 "지금 해야 할 일은 비전을 선포하는 것이 아닐 수도 있겠군요. 어느 사장님이 그렇게 해서 잘 됐다고 하길래 우리 회사에서도 한번 해볼까

하고 생각했던 것뿐입니다."라고 말했을지도 모를 일입니다.

저는 방향성과 기획 없는 실행을 말하는 사장님들을 몇 번이고 만나봤는데 그때마다 사장님에게 머릿속의 지도를 정리해 볼 것을 제안했습니다. 그러면 모두들 "정리를 도와주시면 너무 감사하죠."라고 기쁘게 받아들여 주었습니다.

방향성이나 기획은 그냥 넘기지 않기

목표로 하는 모습

여기서부터 이야기가 시작되어도

방향성
고객과 제공 가치, 실현하고자 하는 세계관

기획
세계관을 실현하기 위한 구체적인 방법
예시) 상품, 영업 등

액션

현상
목표로 하는 모습을 실현하기 위해 활용할 수 있는 것과 부족한 것

반드시 이 부분을 짚고 넘어가기

지도가 없는 항해는 절대 금물!

방향성을 명확하게 지시하는 것이 리더의 역할

'이게 아닌데…'로 프로젝트가 중단

어느 유서 깊은 기업의 신규 사업 기획 프로젝트를 지원하고 있을 때의 일입니다. 회사의 임원진들은 구성원에게 "지금 하고 있는 사업의 틀에 얽매이지 않고 아주 새로운 신규 사업을 제안해 주면 좋겠다."라고 하고 있었습니다. 그리고 신규 사업 담당 임원은 저에게 "구성원들의 사고를 확장시켜서 대담한 기획을 만들 수 있도록 지도해 주세요."라고 의뢰했습니다.

저는 임원에게 "사고를 확장하기 위해서는 우선 회사가 방향성을 제시해 줄 필요가 있습니다. 창조해야 할 고객과 제공해야 할 가치, 실현하고 싶은 세계관의 이미지를 임시로라도 좋으니 정해 볼까요?"라고 제안했습니다. 그랬더니 그 임원이 "그걸 이야기하기 시작하면 경영진이 정리가 잘 되지 않으니, 구체적인 기획을 가지고 경영진과 의논하고 싶습니다."라고 했습니다.

그렇게 해서 프로젝트 리더가 관심을 가지고 있던 최첨단 테크놀로지를 이용한 신규 사업 기획을 정리해서 경영진에게 제안했더니, 그 전에는 들어 본 적도 없었던 여러 가지 조건이 나오기 시작했습니다.

그 뒤로도 제안을 할 때마다 새로운 조건이 추가되어, 결국에는 지금 하고 있는 사업을 제대로 했으면 하는 쪽으로 이야기가 흘러 프로젝트는 도중에 중단되기에 이르렀습니다.

방향성은 경영진과 추진역이 함께 정하는 것

방향성을 정하는 것은 고객 창조의 근간을 이루는 것으로, 기업의 전체와 미래에 영향을 미치는 것입니다. 이는 구성원에게 생각하게 하는 것이 아니라 경영자가 생각해야 하는 것입니다. 방향성은 경영자의 생각에 기초하여 만들어낸 세계관으로, 조직이 앞으로 나아가기 위한 방향을 가리켜주는 나침반입니다. 구성원들이 조직이 추구하는 방향에 따라 새로운 세계를 실현하기 위해 설레는 마음으로 기획을 생각하고, 검증하고, 개선하며 목표에 가까워질 수 있도록 돕는 것입니다.

도쿄통신공업(현재 SONY) 창업자인 이부카 마사루가 내건 회사 설립 취지문 1절에는 "기술자들이 기술을 활용하는 것에 깊은 즐거움을 느끼고, 사회적 사명을 자각하고 열심히 일할 수 있는 안정적인 직장을 만드는 것이 제1의 목적이다."라고 적혀 있습니다. 전쟁으로 모든 것을 잃은 일본 사회에 기술의 힘으로 구성원과 사회를 풍요롭게 하겠다는 창업자의 뜨거운 열정이 느껴지는 대목입니다.

방향성을 설정할 때 머리를 어떻게 쓰면 좋을까요? 경영자는 추진역과 함께 디스커션을 진행하고, 그 과정에서 자신의 생각이나 회사의 강점을 깨닫고, 창조해야 할 고객과 제공 가치, 그리고 실현하고 싶은 세계관에 대한 이미지를 확장해 나가야 합니다. 이미지에 대한 해상도가 높고, 설레는 마음이 커질수록 조직의 방향성이 가지는 힘도 커지고, 구성원에게도 이미지가 잘 전해질 수 있습니다.

디스커션에서는 경영자가 초안을 생각하고, 추진역의 진행에 따라 이상과 현실뇌를 확장시키고, 자신의 머릿속에 있는 이미지의 해상도를 높여 나갈 수 있어야 합니다.

추진역은 초안을 체크하고, 이상뇌와 현실뇌가 가설에 도달할

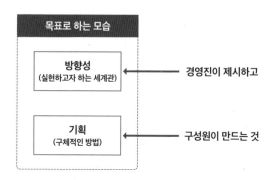

방향성을 설정하는 것의 의미

목표로 하는 모습

방향성
(실현하고자 하는 세계관) ◄──── 경영진이 제시하고

기획
(구체적인 방법) ◄──── 구성원이 만드는 것

**구성원의 머리를 움직이는 나침반을 만드는 것은
경영진이 해야 할 일**

수 있도록 디스커션을 이끌어야 합니다. 한 번의 회의에서 초안에서 가설까지 가는 것이 아니라, 회의와 디스커션의 의제를 몇 차례 나누어 단계적으로 진행해야 합니다. 또한 방향성을 설정할 때에는 경영자가 혼자서 모든 것을 껴안는다거나, 추진역이 "사장님이 방향성을 정해주시지 않으면 움직일 수 없습니다."라고 하면 안 됩니다. 서로 생각해야 할 부분에 대해 역할을 분담하고, 협력하면서 함께 이미지를 짤 수 있어야 합니다.

방향성을 생각하는 것은 굉장히 어려운 작업이지만, 이것이야말로 경영자가 해야 하는 가장 중요한 일로, 저는 조직을 움직이기 위한 나침반을 만들 수 없는 경영자는 그것이 가능한 사람에게 경영을 맡겨야 한다고 생각할 정도입니다.

　실제로 어느 브랜드의 대표는 방향성을 정하지 못하자 창업 공신이었던 다른 임원에게 대표 자리를 넘기고 물러나기도 했습니다. 그리고 새로운 대표가 직접 설정한 방향성에 맞춰 사업은 성장했습니다.

CASE 14

'무리'인 것을 알면서도 목표 달성을 위해 달리는 리더

어느 건축 자재 브랜드의 신사업 프로젝트를 지원하고 있을 때의 일입니다. 사장님은 프로젝트 리더에게 '3년 후 매출 50억 원을 목표로 하고 있다.'고 말하고, 리더는 목표 실현을 향해 고군분투하고 있었습니다.

하지만 2년 후 매출은 10억 원 정도에 정체되었고, 사장님은 저에게 "리더가 열심히는 하고 있는데 성과가 올라가지 않는 이유를 찾아주면 좋겠습니다."라고 의뢰했습니다.

저는 바로 프로젝트 리더를 만나 단도직입적으로 매출이 오르지 않는 이유를 물어 보았더니 "시작하기 전에는 어느 정도 규모가 있는 시장이라고 생각했는데, 실제로 움직여 보니 그만큼 니즈가 없었고, 필사적으로 영업을 해도 좀처럼 매출이 오르지 않더라고요."라고 답했습니다.

저는 "사장님께 그 이야기를 하신 적 있으세요?"라고 물었더니 리더는 "아니요, 사장님이 말한 3년 안에 매출 50억 원이라는 목표를 어떻게든 실현해야 한다고 생각하고 있어서요."라고 말했습니다. 저는 "무리해서 일을 계속해 나가도 모두가 힘들 뿐입니다. 일단 사장님께 이 상황을 말하고 앞으로의 방향에 대해 의논해 봅시다."라고 말했습니다.

방향성을 의심하는 눈을 가지는 것도 필요함

방향성은 조직이 나아가기 위한 눈금과 같은 것으로 실제로 움직여 보니 방향이 다른 경우가 얼마든지 발생할 수 있습니다. 여행지에서도 '오후 5시까지는 여기 도착하고 싶다.'고 생각해도, 실제로 길이 막히거나 도중에 구경하고 싶은 다른 장소가 생겨서 시간 안에 그 장소에 도착하지 못하는 것과 같습니다. 방향성을 의심하는 눈을 항상 가지고, 기획이나 실행 단계에서 "방향성과 간

극이 있다."는 생각이 들면 방향성 설정 단계로 돌아가서 재점검하는 용기를 가져야 합니다. 단, 조금 시도해 보고 안 될 것 같으니 방향을 바꿔도 된다 하는 것은 아닙니다. 가장 유효하다고 생각하는 기획을 생각하고, 가장 적절한 방법으로 실행해 보아도 안 되면 그때 가서 방향성을 고쳐 본다는 의미입니다. 물론 기획을 했던 사람들과 충분히 상황을 공유하고, 그럼에도 불구하고 방향에 문제가 있다면 다시 생각해 보아야 한다는 것입니다.

위 사례로 이야기해 보면, 훗날 사장님과 프로젝트 리더가 지금까지의 경위에 대해 공유한 결과 사장님은 "3년 안에 50억이라는 목표를 이야기했지만 그게 절대적인 것은 아닙니다. 성장 가능성이 높은 사업이었고 사람들을 동기 부여 하려고 했던 것이지 무리해서 계속해야겠다는 생각은 전혀 없습니다."라고 말했습니다.

프로젝트 리더는 "사장님이 분명한 목표로 제시하셨던 거라 이를 실현하기 위해 노력했던 것이었는데…."라고 억울해 하길래 제가 중간에 "애초에 신상품이나 신규 사업과 같이 처음 도전할 때의 방향성이란 것은 절대적인 것이 아니고, 기획이나 실행 단계에서 수정하는 경우가 많이 있습니다. 사장님이나 프로젝트 리더 둘 중 한 쪽이 잘못된 것이 아닙니다. 사장님은 방향성을 전달하실 때 '목표가 현실적인지 실행해 본 다음 검증해 주면 좋겠다.'라고 한 마디만 덧붙여 주시고, 프로젝트 리더는 '목표가 타당한지 3개월 단위로 검증해서 보고 드리겠다.'라고 대답하면 되는 일이었습니다.'라고 했더니 두 분 모두 고개를 깊이 끄덕였습니다.

방향성을 바꿔도 된다고 해도 그 자체를 가볍게 생각해도 된다는 뜻은 전혀 아닙니다. 방향성을 이리 저리 바꾼다면 그만큼 신뢰도가 떨어지게 됩니다. 바꾸게 되면 그에 대한 타당한 이유가 함께 제시되어야 합니다.

방향성이 절대적인 것은 아니라고 말씀드렸지만, 그럼에도 불구하고 '절대적'인 것은 존재합니다. 이념이나 철학과 같은 흔들리지 않는 신념은 절대 바꿔서는 안 되는 것입니다. 이 부분을 변경해 버리면, 목표는 결국 돈을 버는 것으로 귀결되기 때문입니다.

시부사와 에이이치*가 말했던 "한 손에는 논어를 한 손에는 주판을"에서 '논어'에 해당하는 부분, 즉 사람으로서 중요하게 여길 것이 무엇인가가 사람들의 마음이 향해야 하는 목적지인 것입니다.

하지만 "이거다!"라고 자신을 가지고 말할 수 있는 신념을 가지는 것은 여간 쉬운 일이 아닙니다. 이는 실패와 성공을 반복하는 과정에서, 또 강렬한 체험을 통해서 얻을 수 있는 것입니다. 철학을 내세우는 것에 어려움을 느끼는 분들이 계시다면 까다로운 신념을 내걸기보다는 자신이 중요하게 생각하고 있는 것, 예를 들면 "사람들을 웃게 만들고 싶다." 정도의 심플하고 솔직한 내용으로 하는 것이 좋습니다.

---

* 메이지 시대와 다이쇼 시대 초기의 관료이자 사업가.

방향성을 다루는 방법

유효하다고 생각하는 기획을
실행하는데도
성과가 나오지 않음

or

기획 담당자들과 공유해보고,
뭔가 이상한 부분을
감지함

▼

방향성을 변경하기

방향성의 핵심이 되는 '생각'이나 '신념'은 바꾸지 않기

CASE 15

현재 문제점은 알지만
미래의 이미지가 떠오르지 않는다

어느 상장기업의 임원이 컨설팅 회사와 인터뷰를 진행하게 되어 저도 동석한 적이 있었습니다.

컨설턴트는 임원에게 "왜 사업이 성장하는데 고민하고 있는지?", "그 이유는 뭐라고 생각하는지?", "당신은 임원으로서 어떻게 해야 한다고 생각하는지?", "실현이 어려운 이유는 무엇인지?" 등의 질문을 던졌습니다. 1시간 정도의 인터뷰가 끝나고 제가 컨설턴트에게 "이 기업이 목표로 하고 있는 모습의 이미지에 대해 물어봐 주시면 안 될까요?"라고 요청했더니 "필요 없는 비용을 줄이고 성장하는 사업에 경영 자원을 집중시키는 것 아닌가요?"라는 교과서적인 대답이 돌아왔습니다.

거기서 저는 다시 한번 요청했습니다. "단기, 중기 매출과 수익에 대한 이미지를 질문해주실 수 있을까요?"

안 된다고 하기보다는 스토리로 설득하기

제가 컨설턴트를 부정할 생각은 전혀 없지만 앞으로 컨설턴트에게는 분석적인 사고보다는 창조적인 사고가 요구되는 것이 아닐까 생각합니다. 문제점을 제시하거나 해결책을 제안하는 것만으로 조직은 움직이지 않기 때문입니다.

저는 기업 재생의 현장에서 실적을 가로막는 벽이 되는 요인을 지적하거나, 실행 대책을 제시하는 것만으로는 조직이 움직이지 않는다는 현실에 직면했습니다. 시행착오 끝에 "이런 회사가 되면 좋겠다."라고 구성원 모두가 설렐 수 있는 이상향을 함께 그려 보고, 성과를 내보는 경험을 해본 후에야 사람은 새로운 미래를 동경하고 자발적으로 움직이게 된다는 것을 깨달았습니다.

신제품이나 신규 사업뿐 아니라 사업 재생이나 승계 등도 목표로 하는 모습에 사람들이 더 가까워지고 싶게 만들려면 방향성에 시간 계획을 추가해보는 것이 중요합니다.

방향성은 시간의 흐름에 따라 변화하고 발전합니다. 고객이 0일 때와 만 명 있을 때 보이는 세계는 달라집니다. 시간축을 두고 단계적으로 회사가 더 좋아질 수 있는 스토리를 만들어 나가면 설레는 마음도 커질 수 있습니다. 제가 추진역을 맡을 경우, 경영자에게 "여기서 논의했던 방향성은 대략적으로 몇 년 뒤에 실현될 이미지일까요?"라고 질문하고, 현실성 있는 시기에 대해 들어 봅니다. 여기서 가령 3년 뒤라고 했다고 합시다. 그때부터 그 앞뒤에 일어날 일에 대한 이미지를 확장시키기 위해 '1년차, 2년차에는 어디가 어떻게 되어 있는 이미지인가', '3년 뒤에 목표를 실현했다고 한다면 5년 뒤에는 어떻게 되어 있을까' 등을 질문하며 시간에 따라 회사가 좋아지는 이미지를 떠올릴 수 있습니다.

방향성을 시계열적으로 분석해서 구체적으로 만들면, 경영자의 머릿속 해상도는 더 높아집니다. 특히 중요한 것이 1년차와 3년차의 방향성인데, 1년 뒤는 단기 목표, 3년 뒤는 중기 목표로 설정할 수 있습니다. 제 경험으로는 이러한 단기목표와 중기목표의 이미지를 가지고 있으면 조직은 안심하고 움직일 수 있게 됩니다. 또한 방향성을 설정할 때에는 '목표 숫자'를 기입해야 합니다. 앞선 사례에서 저는 컨설턴트에게 "단기, 중기 매출과 수익의 이미지를 질문해 주시겠어요?"라고 요청했는데, 뒷이야기는 이렇습니다.

방향성의 구조

	1년	2년	3년
실현할 세계관	☑ 이런 고객에게 ☑ 이런 가치를 제공하고 ☑ 이런 상태를 실현하고 싶다		
매출 이익	☑ 매출은 3억 ☑ 이익은 1억		
	단기 목표		**중기 목표**

시간축을 설정하고 미래를 체험할 수 있는 스토리 만들기

"예를 들어, 3년 뒤 매출 10억 원을 목표로 하고 있다면 1년 뒤의 매출은 3억 정도가 되겠지요. 그렇다면 5,000원짜리 상품을 5,000명의 고객이 월 1회 구입한다고 떠올려 볼 수 있겠지요.", "수익은 1억을 목표로 한다고 해봅시다. 원가율을 30%로 설정하고, 사업은 2명으로 시작한다고 하면 경비는 2억 원 내로 사용하게 됩니다." 이렇게 직감과 수치 분석을 병행하면서 구체적인 숫자의 이미지를 함께 만들어 보는 것입니다. 목표 숫자가 빠져버리면 실행 단계에서 목표가 모호해지고, 검증 단계에서 결과와 목표를 비교하기 힘들어집니다.

아직 해보지 않은 일에 대해 수치를 떠올리는 것은 어려운 일이

지만, 경영자라면 반드시 가지고 있어야 하는 감각입니다. 간이 손
익계산서를 만든다는 생각으로 도전해 봅니다.

CASE 16

분석 자료만 두꺼워지고 목표가 보이지 않는 회의

어느 상장기업의 중장기경영계획 프로젝트를 진행할 때의 일입니다. 회의에서는 차세대 프로젝트를 이끌 멤버가 중심이 되어 시장 분석이나 SWOT 분석을 시작했고 공략할 시장 설정, 경쟁사와의 차별화, 실행 과제 추출, 3년 간의 수익 계획을 3개월 안에 정리한다는 일정을 발표했습니다.

프로젝트가 시작되자 멤버들은 필사적으로 자료를 만들고 있었지만, 그들이 미래에 정말로 실현하고 싶은 모습을 생각하며 일하고 있는지 전혀 느껴지지 않았습니다.

저는 프로젝트 리더에게 "어떤 고객에게 어떤 가치를 제공하고 어떤 세계관을 실현하고 싶은지에 대한 이미지를 떠올리는 의논을 해보지 않으실래요?"라고 제안했습니다.

저는 추진역이 되어 "지금까지 수집한 정보나 분석한 자료들을 참고하면서, 목표로 하는 모습의 이미지에 대해 이야기해 주세요."라고 말하자 봇물 터지듯이 다양한 이미지에 대한 이야기가 쏟아져 나왔습니다.

저는 화이트 보드에 이미지를 정리하고 "이 내용을 경영진에게 보고할 자료로 만들어 보시면 어떨까요?"라고 제안했고, 모두 동의했습니다.

그리고 자료의 스토리에 대한 이미지를 공유하고, 남은 회의에서 무엇을 정하면 될지 의논했습니다. 그렇게 했더니 멤버 1명이 "지금까지는 무턱대고 업무를 진행했는데, 무엇을 어떻게 진행하면 좋을지 이미지를 떠올릴 수 있어서 안심할 수 있게 됐습니다."라고 말했습니다.

전체 스토리를 이미지로 떠올려 본 후 회의를 진행하기

방향성을 설정하는 단계에서는 생각이 모호한 경우가 많아서,

막막한 상태로 이야기를 하다 보면 생각이 좀처럼 정리되지 않습니다.

앞선 사례에서는 프로젝트 멤버들이 경영 계획을 세울 때, 교과서에 제시될 법한 항목 순서대로 진행하는 방법을 선택했지만, 이걸로는 재미있는 스토리를 만들어 낼 수 없습니다.

제가 추천하고 싶은 방법은 전체 스토리를 구상한 후에 회의를 진행하는 방법입니다.

예를 들어, 첫 회의에서 전체 자료의 구성을 구상해 보고, 실현하고 싶은 세계관과 목표로 하는 숫자의 이미지를 확장시킵니다. 자료 구성의 이미지는 손으로 대충 쓴 걸로 충분합니다. 두 번째 회의에서는 이미지 구상이 약한 부분에 집중하여 해상도를 높이고, 세 번째 회의에서는 전체 스토리에 이상한 부분은 없는지, 해상도가 낮은 부분이 아직 남아 있는지 등을 확인하며 스토리 전체의 완성도를 높여 갑니다. 마지막 회의에서는 냉정하게 방향성을 되돌아보고 '정말로 실현하고자 하는 세계관과 목표 수치는 이걸로 된 건지' 엄격하게 확인하며 방향성을 결정합니다.

회의를 주 1회 정도의 페이스로 4회 진행하면 방향성은 1개월 안에 완성할 수 있습니다.

이런 저런 사정으로 회의 횟수가 늘어나거나 회의 간격이 벌어진다고 해도 2주 이내, 최대 2개월 안에 방향성을 정리하도록 해야 합니다. 그 이상 걸린다고 하면 방향성을 수정하거나, 일단은 생각을 중지하는 것이 좋습니다.

추진역은 매번 회의를 마무리하면서 반드시 다음 회의까지 해야 할 과제와 다음 회의 일정을 결정합니다. 경영자나 리더들이 "생각이 정리되면 연락 드리겠습니다."라고 하는 말에 넘어가면 안 됩니다. 방향성을 완성하는 목표를 향해 "일단 다음 주 이 시간에 일정을 잡고, 사정이 여의치 않으면 재조정합시다."라고 하고, 상대방의 사고가 앞으로 나아갈 수 있도록 회의를 설정하여 페이스 메이커 역할을 수행해야 합니다.

방향성을 결정하는 회의 진행법 예시

	고객 이미지	제공 가치	실현하고픈 세계관	주력해야 할 일	목표 수치
#1 자료의 전체 이미지를 구성하기					
#2 약한 부분의 해상도를 높이기			UP!	UP!	
#3 스토리의 완성도 높이기	← 전체적으로 연결이 약한 부분 등을 체크함 →				
#4 방향성 결정하기	정말 이걸로 된 건지 엄격하게 검증하기				

**방향성은 주 1회 회의를 진행하는 페이스로
1개월 안에 완성하기**

08 방향성을 기획으로 연결하기 위한 포인트

CASE 17

설명을 잘 못하는 사장님과 진행이 더딘 기획

어느 인재서비스 기업에서 행정 업무 전담 인재 파견 사업을 개시하는 프로젝트를 준비하고 있었습니다. 사전에 저와 디스커션을 통해 방향성을 정한 사장님은, 부장님을 불러서 "이러이러한 사업을 시작하려고 하고 있으니, 구체적인 기획을 생각해 주면 좋겠습니다."라고 지시했습니다.

그 후 부장님이 저에게 "사장님께 이런 이야기를 들었는데 뭘 하면 좋을지 전혀 모르겠어요. 조금 더 자세히 이야기 해주실 수 있으세요?"라는 연락이 왔습니다. 이유를 물어 보니 "사장님은 항상 이야기를 짧게 하고, '뒷일을 부탁하네.'라고 직원들에게 말하는데, 사장님이 대체 뭘 하고 싶은 건지, 뭘 기대하고 있는지, 언제까지 뭘 해야 되는지 모르는 상태로 현업에 쫓겨서 정신 없이 일을 하게 됩니다."라고 고민을 털어 놓았습니다.

다음날 저는 직접 부장님에게 방향성에 대한 세부적인 내용을 전달했고, 기획 단계에서 생각해야 할 내용을 정리하면서, 사장님과 의논해야 할 포인트와 타이밍을 확인하고 기획안을 검토해 나가기로 했습니다.

부장님은 표정이 밝아지면서 "이렇게 명확한 상태라면 기획을 구체적으로 진행할 수 있을 것 같아요!"라고 말했습니다.

머리에서 머리로 이미지를 넘겨주기

10명 이상 규모의 기업에서는 방향성 단계에서 기획 단계로 넘어가는 중에 생각하는 사람이 바뀌게 됩니다. 방향성에서 기획까지 이미지의 바통 터치가 제대로 이루어지지 않으면, 기획을 해야 하는 주자는 바통을 넘겨받지 못하고 사고가 정지됩니다. 그렇게 되지 않기 위해 기획을 생각하는 사람도 설레는 마음으로 일할 수 있도록 방향성에 대한 이미지를 전달하고, 기획에 집중할 수 있게 머릿속 그림을 맞춰 나가야 합니다.

참고로 저의 경우에는 다음과 같은 방식으로 하고 있습니다.

① **방향성을 전하는 방법**: 생각은 열정적으로, 목표로 하는 모습은 재미있게, 목표로 하는 수치는 높게

② **기획을 의뢰하는 방법**: 아웃풋 이미지를 종이나 화이트보드에 그리기

③ **진행 방식의 눈높이 맞추기**: 기한과 회의 횟수, 각 회의에서 결정할 내용을 제시하기

그러면 이제 하나씩 자세히 살펴보도록 하겠습니다.

① 방향성을 전하는 방법

우선 기획 담당자가 '그거 해보고 싶어!'라고 생각할 수 있도록 전달하는 것이 포인트입니다.

상대방의 머릿속에서 이미지가 확장될 수 있도록 "이런 고객에게 이런 가치를 제공함으로써 고객은 이렇게 감동할 거라 생각해." 혹은 "이게 가능해지면 회사나 사회는 이렇게 변화해.", "이일을 함으로써 당신이 이런 방식으로 성장할 수 있으면 좋겠어." 등 미래나 꿈을 느낄 수 있도록 이미지를 전달합니다.

일방적으로 전달하는 것뿐만 아니라 "이미지가 그려졌는지."

혹은 "당신 나름대로 떠올리고 있는 이미지에 대해 이야기를 듣고 싶다."고 하여 상대방의 머릿속에 있는 이미지를 끌어내는 것도 잊어서는 안 됩니다.

이 때 "이렇게 하고 싶어, 저렇게 하고 싶어."라고 자기중심적인 관점에서 말하지 않도록 주의해야 합니다. 아무리 그렇게 한다고 해도 상대방이 나와 같아질 수는 없기 때문입니다.

② 기획을 의뢰하는 방법

기획을 의뢰할 때도 방향성을 전할 때와 마찬가지로 대략적이라도 좋으니 기획을 이미지화시켜 봅니다. 예를 들어 기획서를 만든다고 하면 각 페이지의 내용을 이미지로 스케치해 보는 것입니다.

그림으로 그리는 것이 어렵다고 하면, 기획에서 생각해야 할 포인트를 제시하는 것만으로도 좋습니다.

중요한 것은 상대방의 머릿속에 기획의 이미지가 그려지는 것입니다. 전달한 후에는 "기획에 대한 이미지가 그려졌나요?"라고 질문하여, 이미지가 잘 떠오르지 않는 부분에 집중하여 세부 사항을 전달합니다.

기획 담당자에게 방향성을 전할 때의 포인트

방향성을 전하는 방법	생각은 열정적으로, 목표로 하는 모습은 재미있게, 목표 수치는 높게
기획을 의뢰하는 방법	아웃풋 이미지를 종이나 화이트보드에 그리기
진행 방식의 눈높이 맞추기	기한과 회의 횟수, 각 회의에서 결정할 내용을 제시하기

상대방에게서 이미지를 끌어내는 것도 잊지 않기!

③ 진행 방식의 눈높이 맞추기

마지막으로, 기획이 전부 완성될 때까지 기다리는 것이 아니라 단계적으로 해상도를 높여 가기 위한 장치를 마련해야 합니다.

예를 들어 상품 기획을 하는 경우 "우선 고객층과 구체적인 제공 가치를 결정한 다음 상품의 샘플 이미지를 정하고, 3~4회 시제품을 만든 후 상품을 확정하고, 마지막으로 원가와 판매 가격을 확정하는 것은 어떨까요?"라고 하는 것입니다.

이를 2개월 안에 마무리해야 한다고 하면

"가장 많은 시간이 걸리는 상품 콘셉트 결정에 1개월이 걸린다고 잡고, 주 1회 회의를 해서 총 4회, 샘플 이미지를 정하는 것을 3주로 잡아서 주1회×3회, 마지막 1주일을 원가와 판매 가격을 확정하는 일정으로 하면 어떨까요?"라고 하는 것입니다.

이처럼 회의 횟수와 실시 타이밍을 설정해두면, 이를 페이스 메이커로 하여 템포를 높여 진행할 수 있게 됩니다.

기획이 가능할만한 '두뇌'를 모아 회의하기

CASE 18

아이디어는 내지 않고 비판만 하는 구성원

어느 인테리어 브랜드의 신제품 기획 프로젝트를 지원할 때의 일입니다.

그 기업의 임원이 "기획 경험이 없는 사원들이 프로젝트를 진행하게 되어서 지원을 부탁드립니다."라고 라고 의뢰를 했습니다. 제가 "결과를 만들어 낼 능력은 있나요?"라고 질문했더니 그 임원은 "솔직히 힘들 거라고 생각하지만, 인재 육성이라고 생각하고 부탁드리고 싶습니다."라고 말했습니다. 저는 "한 달 간 서포트 해보고 지속 가능 여부를 판단하게 해주십시오."라고 조건을 덧붙였고, 그 임원도 승락했습니다.

실제로 프로젝트를 시작해 보니 사원들은 저에게 "기획은 어떻게 하면 좋을까요?"라고 매달렸고, 초안을 제시했더니 "뭔가 생각했던 이미지랑 다르네요."라고 비판할 뿐 더 나은 아이디어를 내려고는 하지 않았습니다. 회의를 마무리하며 제시한 과제는 다른 일이 바빠서 못했다고 변명만 했습니다.

저는 그에게 "이렇게 해서는 기획이 어렵다고 생각합니다. 이대로 프로젝트를 계속 진행하실 건가요?"라고 물었더니 "저희들로는 무리라고 생각합니다."라는 답이 돌아왔습니다. 저는 일을 의뢰했던 임원에게 그들의 생각을 전달하고 멤버 교체를 건의했습니다. 임원은 죄송해하며 "처음부터 그렇게 했으면 좋았을 걸 하고 반성했습니다. 사내에서 적합한 인재를 다시 모아 보겠습니다."라고 말했습니다.

직감만으로 사람을 선정해서는 안 됨

고객을 창조하는 것은 회사의 미래를 만드는 중요한 일입니다. 이를 업무가 잠시 비어 있는 사람이나 가까이 있는 사람에게 맡기는 것은 큰 잘못입니다. 더 심하게 말하면 도박에 가깝다고 할 수 있습니다.

집을 지을 때 집을 만들어 본 적이 없는 초보에게 의뢰한다면 어떤 미래가 기다리고 있을까요?

이와 같이 '더 나은 미래'를 진심으로 실현하고 싶다면, 생각해 낼 수 있는 두뇌를 가진 사람을 선발하여 모아야 합니다.

인선人選은 조직 혹은 해당 업무의 방향성을 설정하는 사람이 추진역과 의논하며 결정해야 합니다. 여기서 포인트는 방향성 설정 단계에서 목표로 하는 이미지에 도달할 수 있도록 세계관에 공감하고 결과물을 낼 수 있는 두뇌를 모으는 것입니다.

"현실에 매달리지 않고 목표로 하는 모습을 실현하기 위한 이상적이고 흥미로운 기획을 생각해 낼 수 있을 만한 사람은 누구인가?"

"발상이나 기술, 인적 네트워크 등을 활용하여 현실적인 해법을 생각해 낼 수 있는 사람은 누구인가?"

등을 질문하며, 그 인재가 생각해 낼 수 있는 결과물을 구체적으로 그려보며 적절한 인재를 선정해 나가는 것입니다.

즐기면서 아이디어를 생각해 낼 수 있는지, 서로 성격은 잘 맞는지 등과 같은 부분도 중요합니다.

'그 사람이면 어떻게든 될 것 같아.'라고 직감만으로 움직이지 않도록 주의합니다. 직감도 중요하지만, 반드시 검증을 거쳐야 합니다.

또한 사람을 선정할 때에는 "그 사람은 바쁘니까 안 되겠다."라 며 필요한 사람의 기용을 포기하거나, "그 사람이면 좋은 결과를 낼 수 있겠지만 나랑 잘 안 맞으니까 피해야지."라고 기분이나 감정에 좌우되지 않도록 주의해야 합니다.

필요한 사람이 바쁘다면 현업에 조율을 요청하거나, 업무에 들어가는 공수를 줄일 수 있는 방법을 찾아보아야 합니다. 그렇다고 해도 이 일도 저 일도 일을 잘하는 사람에게 맡겨서는 안 됩니다. 정말 그 사람이 필요할 때 활용할 수 없게 될 수도 있기 때문입니다.

덧붙여서 "인재를 확보하고 나서 고객 창조에 도전하자."라는 생각을 가지고 있다면 그 생각은 버리도록 합니다. 그런 생각을 가지고 있는 한 고객 창조는 언제가 되어도 불가능할 것이고, 회사의 미래는 시간이 흐름에 따라 점점 희미해질 것입니다.

즉, 사람이 없으면 찾으면 된다는 것입니다. 제 경험상 발품을 팔면 반드시 찾을 수 있습니다.

선정된 이유는 본인에게 제대로 설명하기

선정된 인재에게는 오리엔테이션이나 킥오프 미팅에서 방향성에 대한 이미지를 전하는 것과 함께, 본인이 선정된 이유에 대해서도 확실하게 전달해야 합니다. 그렇게 함으로써 선발된 인재는

억지로 떠맡아서 일을 하는 것이 아니라 자신의 일로 인식할 수 있게 됩니다.

보통 "이 일을 맡아줬으면 하는데 해보지 않을래?"라고 업무 의뢰를 하게 되는데, 왜 그 사람이 맡아야 하는지에 대한 설명이 빠져 있습니다.

그렇게 되면 멤버들은 "사장님은 대체 뭘 기대하고 있는 걸까?"라는 의문을 품은 채로 시작하게 됩니다.

"이러이러한 방향성을 가지고 재미있는 기획을 마음껏 해봤으면 좋겠다."

"이 일에 대한 아이디어를 내는 역할로 당신이 최적이라고 생각한다."

등 선발한 이유에 대해 친절하게 잘 설명해야 합니다.

또한 "자신이 이 일에 기여하고 있는 이미지가 그려지나요?"라고 질문하여, 이 일을 대한 상대방의 이미지를 끌어내는 것도 잊지 않도록 합니다.

선정하는 인원 수는 역할에 따라 달라짐

사람 수에 대해서는 우선 이상뇌를 1명 정합니다. 이상뇌가 여러 명 있으면 배가 산으로 가서 기획의 정리가 어려워집니다. 추진뇌도 원칙적으로는 1명으로 해야 합니다.

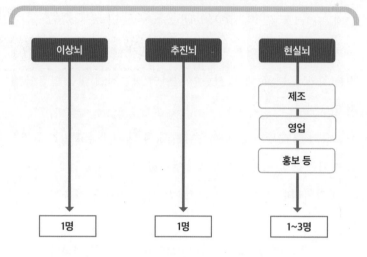

기획 회의는 3~5명으로 진행하기

이상뇌	추진뇌	현실뇌
		제조
		영업
		홍보 등
1명	1명	1~3명

그 이상의 인원이 될 경우에는 분과회 등으로 '회의를 나누기'

현실뇌는 기획 실행에 필요한 기능(예를 들면 제조나 영업, 홍보 등)에 따라 각각 1명 씩 선발하되 최대 3명을 넘지 않도록 합니다. 3명을 넘어가는 경우는 꼭 필요한 최소한의 기능으로 좁혀야 합니다.

기능이 너무 다양할 경우, 기능마다 분과회를 두도록 하여 소그룹으로 디스커션이 가능한 상태를 만들어야 합니다.

현실뇌를 선발할 때 자주 발생하는 일 중에, 예를 들어 영업 부서에서 상사와 부하가 함께 회의에 참석하는 경우도 있는데 '1기능 1명'이라는 원칙입니다. 기능이 중복되면 의견 정리가 힘들어지고, 책임 소재가 불분명해져 참가자들을 혼란하게 하는 요인으로 작용합니다. 또한 대기업에서는 상사가 바빠서 팀원이 대신 회의에 참석하는 경우도 있는데, 제가 추진역을 맡고 있는 프로젝트에서는 그렇게 하지 못하도록 하고 있습니다.

너무 엄격한 잣대일 수도 있지만, 요구되는 수준의 결과물을 낼 수 없는 사람은 회의에 참가해서는 안 됩니다. 다만 인재 육성의 관점에서 꼭 참가시키고 싶은 인원이 있다면 참관자로서 관찰할 수 있게 하는 것은 가능하지만 이 또한 3명을 넘지 않도록 합니다.

CASE 19

구성원의 의견을 듣기만 하고 정리를 못하는 리더

어느 대기업의 상품 기획 회의에 참가했을 때의 일입니다. 기획 프로젝트의 리더는 "자유롭게 의견을 내서 다같이 더 좋은 기획을 만들어 봅시다!"라고 말하고, 멤버 한 명 한 명의 의견을 듣기 시작했습니다. 그러자 "이런 고객을 타깃으로 하면 어떨까?", "가격은 너무 비싼 것이 아닌가?", "이 상품의 매력은?" 등 너무 다양한 의견이 나와 정리가 힘들어졌고 리더는 "오늘 나온 여러분들의 의견을 바탕으로 생각을 한 번 정리해 보겠습니다."라고 하고 회의를 마무리했습니다.

그 후, 저와 리더가 고객, 제공 가치에 대한 초안을 정리하고 있을 때 리더가 "지난 번 회의에서는 의견이 너무 발산돼서 이야기를 어떻게 진행해야 될지 모르겠더라고요. 그때 어떻게 했어야 되는 걸까요?"라는 질문을 했습니다. "우선, 맨 처음 정해야 되는 것은 고객과 제공 가치 두 가지로 압축했어야 되는 것 같습니다." 라고 했더니 "먼저 모든 사람의 의견을 들어 두어야 한다고 잘못 생각하고 있었어요."라고 말했습니다.

다음 회의에서는 고객, 제공 가치로 주제를 좁혀 디스커션을 진행한 결과 멤버들이 재미있는 아이디어를 제안했고, 더 구체적이고 설득력 있는 기획이 완성되었습니다.

디스커션 순서를 정하기

대부분의 사람들은 디스커션을 잘 못한다는 인식을 가지고 있습니다. 저도 예전에는 그랬습니다. 어디가 문제냐면, 디스커션 순서를 정하지 못하는 부분입니다. 바꾸어 말하면, 기획 전체를 결정하기 위해 무엇을 어떤 순서로 논의해야 부드럽게 결정될지 그림이 그려지지 않는 것입니다.

디스커션의 순서를 생각하기 위해서는 다음과 같은 이미지를 가지고 있어야 합니다.

① 어떤 요소들이 결정되어야 기획이 정해지는가
② 무엇을 어떤 순서로 정해야 순조롭게 정해질까
③ 각각의 회의 목표는 무엇으로 정하고 진행할 것인가

①은 상품 기획을 예로 들면 앞에서도 소개한 '고객(Who)', '제공 가치(What)', '제공 이유(Why)', '제공 장소(Where)', '제공 시기 및 시간대(When)', '제공 방법(How)'에 더하여 '제공 가격(Price)'을 결정하는 것입니다. 이 요소들이 정해지면 다음으로 상품의 제조나 판매, 프로모션 등을 생각할 수 있게 됩니다.

②는 ①에서 다룬 요소를 어떤 순서로 결정해 나가면 좋을지를 정하는 것인데, 여기서 포인트는 해상도가 높은 요소부터 먼저 결정하는 것입니다. 예를 들어, 가격 탄력성이 낮은 상품이라면 먼저 대략적인 가격을 결정하고, 판매처가 온라인에 한정되어 있다면 이를 전제 조건으로 두고 다른 요소를 정해 나가는 방식입니다. 이미지가 떠오르지 않는 요소를 계속해서 생각한다고 해도 새로운 아이디어가 떠오르기 어렵습니다. 이미지를 그려낼 수 있는 요소부터 먼저 결정한 후에 주변 이미지들을 확장해 나가면 됩니다.

먼저 결정한 요소는 다른 요소를 정하는 과정에서 얼마든지 바뀔 가능성이 있습니다. 방향성과 마찬가지로 '절대적'인 것은 없다

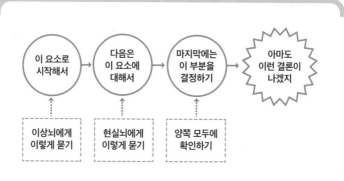

추진역은 디스커션의 이미지를 가져야 함

| 이 요소로
시작해서 | 다음은
이 요소에
대해서 | 마지막에는
이 부분을
결정하기 | 아마도
이런 결론이
나겠지 |

| 이상뇌에게
이렇게 묻기 | 현실뇌에게
이렇게 묻기 | 양쪽 모두에
확인하기 |

회의 참가자들에게 이미지를 부딪혀 가면서 해상도를 높이기

는 점에 주의합니다.

③은 ②의 각 요소를 구체화하기 위한 디스커션을 머릿속으로 그려보는 것입니다. 이를 위해서 추진역은 결론은 물론 결론에 이르기까지의 사고의 흐름을 이미지로 정리해 두는 것이 중요합니다. 가격의 경우 '결론은 1,500원 정도가 될 것으로 예상된다. 동일한 카테고리의 가격대가 1,000원~1,500원으로 형성되어 있고, 이들과 비교하면 부가 가치는 높을 것으로 보인다. 또한 30% 이익율은 확보하고 싶으니 1,500원 선이 될 것 같다.'라고 사전에 떠올려 본 후에 회의에 임하는 것입니다. 이러한 예상 시나리오가 있으면 디스커션을 이끌어 가기 수월해지고, 참가자들의 생각을 끌어내기도 쉬워집니다. 해상도가 낮은 부분(예를 들면, 원가나 판관

비 계산이 복잡해 이익율을 도출하기 힘들 때)이 있다면, 가상으로라도 '30%의 이익율'을 가정하고 전체 이미지를 그려 보는 것이 좋습니다.

11 | 기획 회의를 진행하는 포인트

CASE 20

6개월 이상 검토 중인데
왠지 모르게 정해지지 않는 기획

어느 브랜드의 상품 기획 프로젝트를 지원하던 때의 일입니다. 사장님이 "6개월 이상 검토하고 있는데 기획안이 정리가 되지 않는다."며 저에게 의논하신 적이 있었습니다. 이야기를 들어보니 "기한은 정해 두었는데, 리더가 관계 부서와 조정하는 데 어려움을 겪어 몇 번이고 일정을 다시 잡고 있다."는 것이었습니다.

리더를 만나 스케줄을 보여 달라고 했더니, 기한이나 기한 내에 해야 될 일들은 적여 있었는데, 가장 중요한 회의 일정이 빠져 있었습니다. 저는 기한에서 거꾸로 계산하여 "여기서는 이것을 정한다."는 회의를 정하고, "이 부서와 이 내용을 의논한다."는 것을 스케줄에 적어 두었습니다.

일정에 따라 리더와 함께 초안을 작성하고 각 부문과 디스커션을 진행했더니 "그 단계까지 가려면 이걸 해둬야지." 라든가 "여기서 결정하기 어려운데 일정을 조금 연기해 줄 수 있는지." 등 구체적인 조율이 진행되었고, 관계 부서들이 회의를 중심으로 움직이기 시작했습니다.

그 후, 다소 앞뒤 순서가 바뀐 스케줄도 있었지만, 당초 예상했던 일정에 맞춰 상품이 정해졌고, 사장님이 기대했던 기간 내에 프로젝트를 완료할 수 있었습니다.

회의를 중심으로 사람을 움직이기

기획 단계에서는 방향성 설정 단계와 비교하여, 구체화시켜야 할 것, 결정해야 할 것이 급격하게 늘어납니다.

또한 관여하는 사람도 많아지기 때문에 각각의 요소를 순서에 따라 정리해 두지 않으면 눈 깜짝할 사이에 시간이 흘러버립니다.

기획 단계에서 회의를 진행할 때는 일정이 지연되지 않게 하기 위해 기획을 끝내는 기한에서부터 역산하여, 언제까지 무엇을 결정해야 하는지 이미지를 그려 보아야 합니다. 일상적인 업무와 기획을 병행하는 상황이라면, 저의 경험상 기획을 마무리하는 데 2개월 전후가 적당합니다. 그 이상 길어지면 더 이상 좋은 아이디어가 나오지도 않고, 담당자들의 피로도도 높아지기 때문입니다.

제가 기획 회의를 설계할 때 "이날 끝내기 위해서는 이 주에는 이것을 정하고, 다음 주에는 이것을 정하고, 그리고….".라고 소리 내어 말하면서, 회의 전체 흐름을 머릿속으로 그려 보곤 합니다. 전체 회의 흐름에 대한 이미지를 가지고 있지 않으면 도중에 어디선가 문제가 생길 위험이 있기 때문입니다. 이는 회의 진행 중에도 마찬가지입니다. 전체 회의 진행에 대한 이미지를 참가자 및 관련 부서와 함께 맞춰 나가며 회의를 준비해 나갑니다. 처음부터 모든 회의 일정을 정해두고 업무를 진행하는 방법도 있지만, 포인트는 "이때쯤은 이걸 정하는 회의를 하고 싶다."는 인식을 전원이 갖게 하는 것입니다.

전체 이미지는 물론이고 각 회의의 마지막에는 "다음 회의에서는 이것을 정하고 싶다."고 세부적인 인식을 공유하는 것이 중요합니다. 역할을 나누고, 담당자와 작업 공정을 하나하나 나누어 간트 차트*를 만드는 작업은 제발 하지 마시길 당부드립니다.

---

* 프로젝트 일정 관리를 위한 바(bar)형태의 도구로서, 진행하려는 전체 업무 일정의 시작과 끝을 차트로 표시한 일정 관리 양식

그대로 진행되는 일은 결코 없을뿐더러, 빈번하게 업데이트하려다 보면 손이 많이 가고, 무엇보다 아무도 제대로 읽지 않는다는 문제점이 있습니다. 당연히 진행 중에 큰 변화가 생기면 전체를 새로 만들어서 공유해야 합니다.

회의의 참가자가 늘어나면 늘어날수록, 개인의 사정에 따라 일정 변경이 빈번하게 이루어집니다. 변경이 일어나는 것은 어쩔 수 없지만 상대방의 사정에 따라 업무를 조정해서는 안 됩니다. '언제까지 결정해야 기한에 맞출 수 있을지'를 자문자답 해본 후에 '이때까지는 회의에서 이 부분을 정하고 싶다.'라고 사람이 아닌

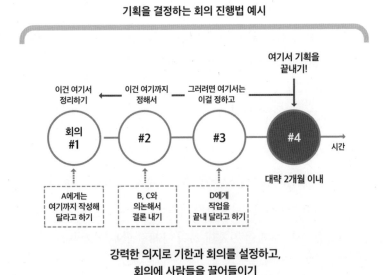

기획을 결정하는 회의 진행법 예시

여기서 기획을
끝내기!

이건 여기서   이건 여기까지   그러려면 여기서는
정리하기   정해서   이걸 정하고

회의
#1   #2   #3   #4   시간

대략 2개월 이내

A에게는   B, C와   D에게
여기까지 작성해   의논해서   작업을
달라고 하기   결론 내기   끝내 달라고 하기

**강력한 의지로 기한과 회의를 설정하고,
회의에 사람들을 끌어들이기**

'기한'에 초점을 맞추어야 합니다.

그렇다고 해도 상대방의 상황을 무시하고 일정을 조율하는 것도 좋지 않습니다. 상대방이 '노력하면 할 수 있다.'는 아슬아슬한 정도의 선을 노리고 회의를 디자인 해봅시다.

회의에서 고객 창조가
사라진 이유

성장이 가져온 '반복 업무'의 폐해

창업한 지 얼마 되지 않은 벤처 기업의 사장님이 식사 자리에서 "매일 밤 늦게까지 다같이 이야기하고, 다양한 일에 도전하고 있습니다!"라고 말한 적이 있습니다.

10년이 흘러 그 기업은 급성장했고, 조직도 커졌는데 사장님은 "구성원들이 정해진 일은 잘 하는데, 창업 당시의 활기는 없어지고, 새로운 사업이 잘 진행되지 않아 고민입니다."라고 상담을 요청해 왔습니다.

어떤 기업이라도 창업기에는 활기가 넘치고 도전적이며 재미있는 일을 하는데, 어느 정도 성장하고 나면 이 벤처 기업과 같은 상황에 빠지곤 합니다.

이것이 바로 '반복 업무 증후군'입니다.

예를 들어, 막 사귀기 시작한 연인의 경우 '다음에는 디즈니랜드에 가 봐야지!' 라든가 '다음 주말은 영화를 보고, 그 뒤에는 요즘 인기 있는 식당에서 식사를 해볼까?'라고 상상하며 이야기가 끝나지 않습니다. 하지만 행동 패턴이 어느 정도 정해지고 나면 '다음에도 이 식당으로 가면 되겠지.'라고 생각하며, 옛날과 같은 설레는 마음이 사라져 버립니다.

마찬가지로 신입사원으로 입사했을 때는 선배가 이것저것 새로운 것을 알려주고, 동기들과는 미래에 대해서 이야기를 나누고, 담당하고 있는 고객과 새로운 일로 상담을 하게 되는 등 설레는 일로 넘치는 나날을 보냅니다.

하지만 업무에 익숙해지면 업무에 대한 신선함이 없어지고, 문제점이나 사람들의 거슬리는 모습이 눈에 들어오게 됩니다.

일을 잘한다 → 아이디어는 시든다

익숙해진 일을 위주로 업무를 하다 보면, 업무를 요령 있게 하는 것에만 목적을 두게 되어 그 외의 일을 해봐야겠다는 의욕이 떨어집니다. 그리고 업무의 끝에 있는 고객의 얼굴이 보이지 않게 됩니다.

조직 전체가 루틴 업무 증후군에 빠지게 되면, 새로운 일을 해보려고 해도 브레이크가 걸리고, 안 되는 조건을 대기 시작하고, 주위에서 비판이 늘어나는 등 모처럼 아이디어가 나와도 금방 시들어버리게 됩니다.

　이런 분위기를 참지 못해 회사를 그만두고 창업을 하는 사람도 늘어나고 있습니다. 전후 일본에서 창업을 했던 많은 기업들은, 목표로 하는 모습을 실현하기 위해 진심으로 디스커션을 하고, 세계를 놀라게 할 만한 것들을 내놓았습니다. 그로부터 70년 이상이 흘러 많은 일본 기업은 루틴 업무에 너무나 익숙해져 버렸습니다. 저는 이것이야말로 일본의 회의에서 고객 창조가 사라져 버린 이유라고 생각합니다.

　그렇다면 한번 루틴 업무에 빠져버린 사람이나 조직은 바뀔 수 있는 것일까요? 새로운 인재의 고용이나 평가 제도 개선, 조직 개

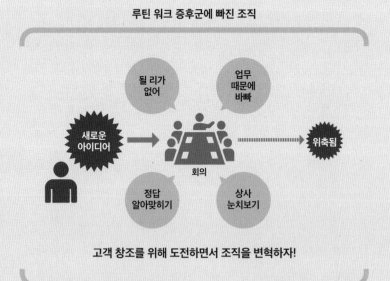

루틴 워크 증후군에 빠진 조직

될 리가 없어

업무 때문에 바빠

새로운 아이디어

회의

위축됨

정답 알아맞히기

상사 눈치보기

고객 창조를 위해 도전하면서 조직을 변혁하자!

편, 경영 이념 정비 등을 통해 사람들을 감동시킬 만한 상품이나 사업을 만들어낼 만한 문화가 만들어질까요?

이 질문에 대한 유일한 답은 '고객 창조에 도전한다'는 것밖에 없습니다.

제 4 장

고객을 창조하는 회의
(실행·검토·개선편)

성과를 올리기 위해 실행하기

CASE 21

'여느 때처럼' 홍보해서는
상품의 좋은 점을 전달할 수 없다

어느 완구 브랜드의 신상품 홍보팀을 지원할 때의 일입니다.

홍보팀은 여느 때처럼 정해진 미디어에 정해진 보도 자료를 송부했습니다.

그 결과, 100사 중 3사 정도가 작게 기사를 실어준 정도였습니다. 저는 신상품의 가능성을 생각하면 조금 더 미디어에서 다뤄지는 게 좋겠다고 생각했습니다. "기왕 좋은 상품을 만들었으니, 조금 더 흥미 있게 다뤄지면 좋지 않을까요?"라고 멤버들에게 말했습니다.

그랬더니 "저희도 가능하면 그렇게 하고 싶은데, 어떻게 하면 좋을지 모르겠어서…."라고 해서 "담당 기자들이 설레는 마음을 가지고 기사를 쓰는 것을 목표로 이미지를 떠올려 볼까요?"라고 제안했습니다.

멤버들과 이미지를 떠올려 보며 디스커션을 했더니, 실제로 아이들이 장난감으로 재미있게 노는 장면이 있으면 독특할 것 같다는 이야기가 나왔고, 다양한 각도에서 아이들이 노는 모습과 이를 즐겁게 보고 있는 부모들의 모습을 촬영하고, 인터뷰까지 붙여서 1분 정도의 영상을 만드는 기획안이 만들어졌습니다.

이후에 SNS에 해당 영상을 업로드하자 순식간에 인기를 끌어, 이를 본 부모들에게 상품 문의가 쇄도했습니다.

조직이 성과를 높이게 하라

실제로 상품을 발매하고 홍보하는 실행 단계가 되면, '이렇게 하자.', '저렇게 하자.' 등 해야 할 일이 명확해지고 이미지를 떠올리기 쉬워집니다. 하지만, 조금이라도 긴장을 늦추면 평소 업무대로 똑같이 처리해 버리기 일쑤입니다. 그렇게 해서는 긴 시간 회의를 거쳐 만들어낸 신상품이나 신규 사업의 설렘이 고객에게 영향을 미칠 수 있는 미디어 관련 담당자들에게 전해지지 않습니다.

웹페이지 제작이나 외부 프로모션 대행사를 이용할 경우에도 마찬가지입니다. 회의에 관여한 담당자들 외의 사람도 설렐 만한 이미지를 가지고 움직일 수 있도록 실행하지 않으면, 목표로 한 성과를 낼 수 없습니다.

여기서 핵심이 되는 것이 추진역의 역할입니다. 추진역은 실행하는 사람들에게 바짝 붙어서, 방향성 설정이나 기획 당시 생각했던 것이 실현되기까지 관여한 사람들의 머리를 움직이도록 해야 합니다.

예를 들면, 평소와 똑같은 방식으로 업무를 처리할 것 같은 상황이 오면, 목표로 하는 모습을 다함께 그려 보고 거기서부터 실행해야 할 일을 끌어내는 것입니다. 또한, 실행하고 있는 사람이 도중에 고민하거나 헤매고 있을 때는 상담을 해주기도 하고, 지도를 펼쳐서 다함께 생각해 보고, 실행해야 할 일의 방향을 찾아봐야 합니다.

앞선 예처럼, 회사 밖에 보내는 자료의 내용에 문제가 있는 경우에는 디스커션을 하며 자료의 완성도를 높여 갑니다.

1장에서 추진역은 조직의 성과를 높이는 역할을 한다고 말씀드렸는데, 실행하는 사람들이 성과를 높일 수 있도록 살피고, 그들의 행동이 성과로 이어질 수 있도록 함께 고민하는 과정을 통해 조직

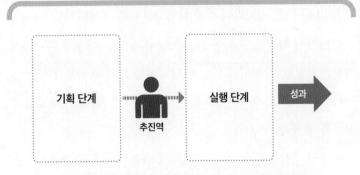

실행 단계에서 추진역의 역할

기획 단계 → 추진역 → 실행 단계 → 성과

추진역은 실행에 관해 함께 고민하고, 성과에 기여해야 함
(상대방에게 전부 맡기는 것이 아니라, 함께 실현할 것)

의 성과를 끌어올릴 수 있습니다.

조직이 잘 짜여진 기업일수록 추진역이 없는 경우가 많아서, 실행 단계에서 실패할 확률이 높아지곤 합니다.

추진역으로 프로젝트 매니저를 두는 경우도 있지만, '부문'에 대한 의식이 강한 조직일수록 다른 부문의 사람이 프로젝트 매니저가 되었을 때 감정이 격해져 실행이 어려워지기도 합니다.

그런 경우라도 저는 신경 쓰지 않고, 프로젝트 매니저와 함께 회의에 더 깊이 개입하려고 합니다. 조직의 성과를 높이는 것이 추진역으로서 저의 일이기 때문입니다.

02 실행 단계에서는 나무와 숲을 보고 행동으로 옮겨라

'나무만 보고 숲을 못 보는' 정해질 만한 것도 못 정하는 현장

두 기업의 사업 제휴 업무를 지원할 때의 일입니다.

둘 중 한 기업의 임원이 "임원들 간에는 기업 제휴 방향성에 대한 합의가 이루어졌는데, 현장 직원들 간 협의에 난항을 겪고 있으니 도와주셨으면 합니다."라는 의뢰를 받았습니다.

저는 바로 현장 담당자 간의 회의에 참석했습니다. "이 부분은 우리 회사의 업무 범위를 벗어납니다.", "이 부분은 저희 회사로서는 양보할 수 없습니다."라고 두 회사에서 목표로 하는 모습은 보려고 하지도 않고, 세부적인 부분에 대해서만 이야기를 나누고 있었습니다.

저의 경험상, 숲을 보지 않고 나무만 보고 있으면 정해질 것도 못 정한다고 생각해서 타이밍을 보고 "애초에 사업 제휴를 통해서 실현하려고 한 세계는 어떤 모습인지, 이미지를 알려주실 수 있을까요?"라고 질문을 던졌습니다. 양 쪽의 이미지에 대한 이야기를 끌어내면서 화이트 보드에 정리했더니, 한 장의 그림이 떠올랐습니다.

저는 "이것을 실현하기 위해 두 회사가 무엇을 하시면 좋을지 이야기해 주세요."라고 했고, 의견을 들으며 정리한 후 "이 내용을 계약서에 작성해 넣으면 좋지 않을까요?"라고 말했습니다. 결국 양쪽 모두 납득하였고, 계약서 내용도 잘 정리되었습니다.

회의 지도를 구비하고 행동하기

야구 선수 오타니 쇼헤이가 고등학교 시절에 목표를 중앙에 작성하고, 주변에 목표 달성을 위해 실천할 요소나 구체적 행동을 정리한 '만다라트 차트'를 작성한 것은 유명한 일화입니다. 그는 목표로 '8구단 드래프트 1순위'로 지명되는 선수가 된 자신을 이

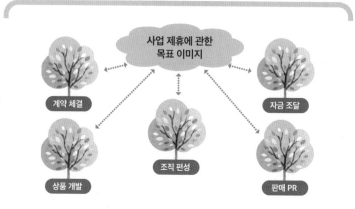

나무와 숲을 보고 행동하기

사업 제휴에 관한
목표 이미지

계약 체결

자금 조달

조직 편성

상품 개발

판매 PR

목표로 하는 이미지를 떠올리며 실행하기

미지로 떠올렸고, 몸 만들기나 멘탈 관리, 인간성 등 9가지 요소를 작성하여 이를 성취하기 위한 구체적인 액션 이미지를 설정했습니다. 예를 들면 '인사'라고 하는 작은 행동도 '운'을 강하게 하고, 드래프트 1위 지명을 받게 하는 목표 실현을 위한 행동으로 삼고 실천했습니다.

신제품이나 신규 사업도 마찬가지입니다. 세부적인 액션을 취하기 전에 '실현하고 싶은 세계관은 무엇인가', '목표는 무엇인가'를 다시 질문하게 되면 더욱 더 자신을 갖고 행동할 수 있게 됩니다.

열심히 팔려고 하는데 상대방의 마음이 멀어져 간다?

어느 브랜드에서 신제품을 발매하고, 영업 부서에서는 소매점이나 구매처에 상품 스펙이나 특징, 타사와의 차별점 등 일반적인 상품 설명을 진행했습니다. 그런데 좀처럼 거래처가 정해지지 않고 있었습니다.

저는 영업 담당자에게 "솔직히 그 설명으로는 제가 대리점 사람이라면 제품을 매장에 두고 싶지 않을 것 같아요."라고 말했습니다.

그랬더니 "열심히 팔려고 설명하면 할수록, 상대방의 마음이 멀어져가는 느낌이 듭니다. 듣는 사람의 마음을 움직일 수 있게 설명하고 싶은데….'라고 하는 것입니다.

저는 "그렇게 한번 해봅시다!"라고 말하고, 대리점 사장님이 상품을 매장에 뒀을 때의 이미지를 떠올릴 수 있도록 영업 담당자들과 스토리를 짜기 시작했습니다.

훗날 영업 부서에서는 "우리가 어떻게 이 제품을 만들었는지, 누구에게 어떤 가치를 전하려 하고, 어떤 세계를 실현하고자 하는지 5분만 이야기를 들어봐 주세요."라고 말하고, 상대방의 머릿속에 이미지가 떠오르도록 설명했다고 합니다.

대리점 사장님은 "흥미로운 이야기네요. 이야기를 듣는 동안, 제품을 놓아둘 장소와 제품을 어필하고 있는 이미지가 떠올랐습니다."라고 하며 제품을 채택했습니다.

상대방의 마음을 움직이게 하는 기술

실행 단계가 되면 성과를 높여야 한다는 사명감에서 물건을 팔게 되고, 그러다 보면 강제로 상대방을 움직이려고 하게 되기 일쑤입니다. 하지만 그렇게 해서는 상대방의 '머리'와 '마음'을 움직일 수 없습니다.

그러면 어떻게 해야 할까요?

이는 방향성 설정 및 기획 단계에서의 설렘이 남아 있는 세계관이나 아이디어를 공유하고, 실현하고자 하는 이미지를 함께 떠올려 봄으로써 상대방이 마치 자신이 기획한 것처럼 느끼고 생각하도록 바꾸면 됩니다.

포인트는 크게 아래 세 가지와 같습니다.

포인트 ① 자신의 머릿속을 두근거리게 하기

당연한 이야기지만, 생각해 낸 제품이나 사업을 자기 스스로가 재미있다고 생각하지 않으면, 상대방을 절대 두근거리게 만들 수 없습니다.

그렇기 때문에 기획 단계에서부터 함께 재미있는 아이디어를 생각해 내는 것입니다. 기획 단계를 함께 하지 않으면 실행 단계에서 '생각한 것을 정확하게 전달해야지.' 또는 '상대방을 설득해서 긍정적인 대답을 하게 만들어야지.'라고 기획한 사람 따로, 실행하는 사람 따로인 상태가 되어 버립니다.

이러한 상태로 설득하려고 하면 상대방은 금세 알아차리고 바로 경계 모드에 들어갑니다.

포인트 ② 상대방의 머리에 설렐만한 요소를 설치하기

상대방의 입장이 되어 '무엇을', '어떤 순서로', '어떻게 전달한다' 라고 즐겁게 이미지를 떠올리며, 사전에 시뮬레이션을 해봅니다.

이러한 이미지 트레이닝 없이 상대방에게 들이대지 말아주세요.

참고하길 바라는 것이 바로 'TV 홈쇼핑'입니다. TV 홈쇼핑에서는 화면 너머에 있는 사람의 머릿속에 두근거리는 이미지를 그릴 수 있도록 다양한 장치를 활용하고 있습니다.

JAPANET TAKATA의 창업자 타카타 아키라씨는 인터뷰에서 이렇게 말했습니다.

"비디오 카메라를 팔 때, 대부분의 사람은 아이들의 영상을 찍자고 말하지만 저는 '나중에 아이가 커서 자신이 어렸을 때의 기록이나 운동회 모습을 보면서 기뻐하는 모습을 보고 싶지 않으세요?'라고 말합니다."

상대방이 '그거 한번 해보고 싶다.'라고 이미지를 떠올릴 수 있는 아주 좋은 예시라고 생각합니다.

포인트 ③ 함께 실현하고 싶은 이미지를 확장하기

②에서 상대방의 머릿속에 두근거리는 이미지를 설치했으면, 이제 다음 단계로 넘어갈 차례입니다. 예를 들어 슈퍼마켓 매장이

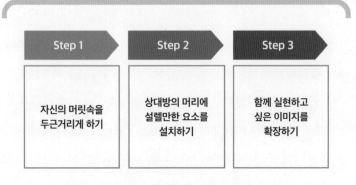

실행 단계에서도 두근거림의 불씨를 꺼뜨리지 않기

Step 1	Step 2	Step 3
자신의 머릿속을 두근거리게 하기	상대방의 머리에 설렐만한 요소를 설치하기	함께 실현하고 싶은 이미지를 확장하기

**강제로 상대방의 머리를 움직이려고 하는 것이 아니라
설레는 이미지를 함께 만들어 나가기**

라고 하면, 구체적으로 제품을 어디에 진열해 두었는지 그 장면을 종이에 그리면서 '여기에 두면 어떨까?' 혹은 '이런 광고 문구를 써두면 고객의 시선을 끌 수 있지 않을까?' 하고 구체적인 실행 이미지를 그려보면서, 목표가 실현된 상태를 상상해 봅니다.

상대방이 상상력이 풍부한 사람이라면 상대방의 아이디어에 편승하거나 더 재미있는 아이디어를 생각해 내면 되는데, 그렇지 않은 상대라면 "어떤 이미지인지 들려주세요."라고 생각 스위치를 켜도록 도와야 합니다. 여기서 중요한 것은 '상대보다 더 재미있는 것을 떠올리는 것'입니다.

사람은 재미있는 아이디어를 생각해 내는 사람과 함께 일하고 싶어집니다.

큰 조직의 경우 기획 단계에서 현실뇌였던 사람이 실행 단계에서 이상뇌가 되어, 각 부서 사람들을 현실뇌로서 움직이게 해야 되는 일이 생깁니다.

예를 들어 기획 단계에서 보수적이었던 현실뇌라고 하더라도, 실행 단계에서 이상뇌가 된 사람은 두근거리는 이미지를 부풀려서, 현실뇌인 사람들과 ①~③을 함께 해서 두근거림의 불씨가 꺼지지 않도록 해야 합니다.

CASE 24

행동을 관리하기 위한 회의에서는
아무것도 창조되지 못한다

제가 벤처 기업에서 일할 때의 일입니다. 사장은 구성원의 행동을 관리하려고 일일 보고를 작성하게 하고, 작은 일이라도 있으면 보고를 하도록 요구하곤 했습니다. 제가 맡았던 일은 고객사와 새로운 사업을 만드는 일로 주 단위 혹은 월 단위로 진행되는 일이 많았습니다. 저는 필요한 타이밍에 사장님과 의논하거나 보고를 드리기로 하고, 매출을 올리는 것에 집중했습니다.

 사장님은 컨설턴트인 지인을 만난 뒤 "주 1회 업무 보고회를 실시한다."고 발표했습니다. 목적은 영업 실적이 올라가지 않는 구성원의 행동을 관리하기 위한 것이었습니다. 저는 '사장의 역할은 관리가 아니라, 조직의 성과를 올리기 위한 사고방식을 이끄는 것'이라고 말했지만, 업무 보고회는 강행되었습니다. 결과적으로 전혀 매출이 향상되지 않았습니다.

사장님은 점점 더 초조해져서, 구성원 한 명 한 명에게 자주 전화를 걸고, 무엇을 하고 있는지 체크하기에 이르렀습니다. 저는 더 이상 참지 못하고 "사장님과 디스커션을 통해서 이미지를 확장시킬 수 있는 것이라면 얼마든지 이야기를 하겠지만, 그게 아니라면 그냥 내버려 두세요."라고 말했습니다.

그럼에도 불구하고 사장님은 변하지 않았고, 많은 동료들이 회사를 떠나게 되었습니다.

회의는 '제대로 실행'하기 위해 활용하는 것

저는 지금까지 많은 기업을 봐왔지만, 구성원의 행동을 관리하는 것으로 고객 창조에 성공한 회사를 본 적이 없습니다. 특히 '업무 보고회', '검토 회의' 등의 이름이 붙여진 회의가 제대로 기능하고 있는 회사를 한 군데도 본 적이 없습니다.

새로운 일에 도전할 때 필요한 것은, 어떻게 하면 좋을까 고민하고 있을 때 의논하거나 충고를 해줄 사람, 그리고 기존에 시도해 보지 않았던 영업/판매 방식을 시도했을 때 어떻게 될지 상상하며 논의해보는 것입니다.

실행 단계에서 형식적인 회의는 필요하지 않습니다. 추진역이 실제 일하고 있는 사람들의 상황과 업무 진척도를 확인하고, 예를 들면 '특정 기업에 제안하기 위한 자료를 작성할 것'을 회의 목적으로 설정하여, 필요 최소한의 인원을 모아 이미지를 그려갑니다.

간단한 자료 공유만으로도 충분할 때에는 일부러 회의를 소집할 필요 없이 메일이나 채팅으로 끝내고, 구성원들이 생각하고 행동하는 것을 우선으로 삼습니다.

회의를 해야 하는 타이밍은, 실행 단계에 대한 이미지의 해상도가 낮을 때 혹은 생각하는 이미지에 차이가 발생했을 때입니다.

저는 실행 후 구성원들에게 "어떻게 하면 좋을지 고민되는 부분이 있다면 편하게 의논해 주세요.", "작성한 자료에 자신이 없으면 체크하고 피드백 드리겠습니다.", "막히는 분이 있으면 언제든지 바로 연락 주세요."라고 말해둡니다.

그렇게 하면 실행에 대한 이미지가 떠오르지 않거나, 자신이 없을 때 바로 연락이 오곤 합니다.

또한, 여러 이해 관계자들 사이에서 의견 충돌이 생기는 경우, 바로 회의를 소집하여 서로가 생각하는 이미지에 대한 디스커션을 진행할 수 있도록 합니다.

실행 단계에서의 회의 사용법 예시

어떻게 하면 좋을지 고민되면 하기

작성한 자료에 자신이 없으면 하기

막히는 부분이 있다고 느끼면 하기

행동을 관리하기 위해 정례화해서는 안 됨

CASE 25

결과가 나지 않는 것을 지속하다 보면
힌트를 간과한다?

어느 주류 브랜드의 신제품 개발 프로젝트를 지원할 때의 일입니다.

담당자들은 몇 번이고 반복해서 시제품을 만들고, 고객을 대상으로 시음과 설문 조사를 진행하며 고객이 정말로 맛있다고 느끼는 제품을 만들었습니다. 프로젝트는 다음 단계로 들어가, 지역 거점별로 테스트 판매를 하게 되어 영업 부서에 판매를 의뢰했고, 영업 부서에서는 담당 지역별로 나누어 거래처에 신제품을 제안하였습니다.

얼마 후, 영업 부서에서 "팔리는 가게와 팔리지 않는 가게가 있다.", "경쟁 상품 대비 차별화할 수 있을 만한 강력한 매력이 필요하다.", "다른 회사보다 마진을 높일 필요가 있다."는 등의 의견이 나왔습니다.

프로젝트 담당자들은 이러한 의견을 수용하면서도 영업 부서에는 "어떻게든 한 곳이라도 더 많은 점포에 신제품을 납품할 수 있도록 힘써주세요."라고 전했습니다. 하지만 거래처 수는 좀처럼 늘지 않았고, 담당자들과 영업 부서 사람들도 피로감이 쌓여갔습니다. 여기서 저는 "어떤 상태가 실현된다면 거래처에서도 신제품을 납품 받고 싶다고 생각할까요?"라고 질문했습니다. 그랬더니 영업 부서의 한 명이 "작은 가게라도 좋으니, 고객들이 많이 마시고 있다는 실적과 생생한 의견이 있다면 영업 담당자로서 강력한 무기가 될 것 같은데…."라고 대답했습니다.

나쁜 결과일수록 잘 검증할 것

위 사례에서는 '신제품 영업'에 돌입했으나, 생각처럼 거래처 납품이 진행되지 않았습니다.

프로젝트 멤버 중에는 '일단 거래처 영업을 계속해 줬으면' 하는 사람도 있었습니다. 하지만 거래처에 납품이 되지 않으면 고객은 제품을 접할 수 없고, 처음에 생각했던 '고객이 마시는 즐거움을 실현하는 세계'에 가까이 갈 수 없습니다.

프로젝트에 관여한 사람 모두가 "거래처 영업을 하면 납품에 성공한다."고 생각하고 있었지만, 영업부서를 통해 고객의 지지 즉, 실적이 없으면 납품이 어렵다는 것을 알게 되었습니다.

그래서 우선 실적을 만드는 쪽으로 방향을 전환했습니다. 구체적으로는 지역 단위 거래처 영업에서 신제품에 흥미를 가질 것 같은 거래처에 대한 제안 영업으로 전환하게 되었습니다.

영업 부서에서 가지고 있는 거래처 리스트에서 한 점포 한 점포를 엄선하였고, 제안 내용도 타 제품과의 차별화가 아닌 제품에 대한 생각이나 신제품 개발 경위, 시음 행사에서 고객들의 의견 등을 스토리로 만들어 전하고자 했습니다.

얼마 후, 영업 부서에서 젊은 점주들의 거래처를 중심으로 납품이 성사되기 시작했다는 보고를 받았습니다. 거래처 매출도 미미하긴 하지만 확실히 향상되기 시작했습니다.

각 영업 파트에서 그간의 데이터를 모아 "고객에게 팔리고 있습니다."라는 메시지를 담은 자료를 만들고, 신제품 납품을 미루었던 점주들을 찾아가 다시 한번 제안했더니 납품을 결심하는 곳이 늘어났습니다.

저는 개선 아이디어를 제안한 영업 부서에 "당신의 아이디어 덕분에 모두가 성과를 올릴 수 있었습니다. 감사합니다."라고 전했습니다.

검증과 개선으로 행동을 업데이트하기

본부에서 "팔릴 때까지 돌아올 생각은 하지 말라."고 불호령을 내리는 것은 간단합니다. 하지만 그렇게 해서는 성과의 책임을 현장에 전가하는 것이나 다름없으며, 많은 사람의 노력을 헛되게 만드는 일입니다.

저도 과거에는 그런 회사, 그런 사람을 많이 봐왔습니다. 이는 쌍방에게 모두 불행한 일이고, 이러한 불행은 성과를 검증하고 개선 방안을 학습함으로써 해소할 수 있습니다.

이러한 과정을 번거롭다고 생각하는 회사, 일단 결정한 것은 밀고 나가는 것이 최선이라고 착각하는 관리자가 아직 일본에는 많습니다만, 그렇게 하다가는 고객 창조는 커녕 조직을 피폐하게 만들기만 할 뿐입니다.

또한 '하면 된다'를 목적으로 삼아서는 안 됩니다. 이는 스스로 학습하고 성장할 수 있는 기회를 빼앗는 것을 의미합니다. 사람은 잘 키워서 활용할 수 있어야 하고, 성과를 올릴 수 있도록 학습하는 조직을 만들 필요가 있습니다.

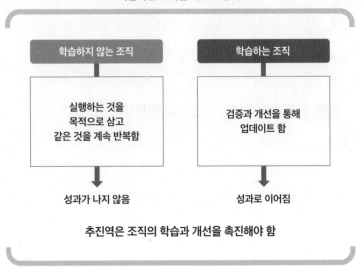

학습하는 조직을 목표로 삼기

학습하지 않는 조직	학습하는 조직
실행하는 것을 목적으로 삼고 같은 것을 계속 반복함	검증과 개선을 통해 업데이트 함
성과가 나지 않음	성과로 이어짐

추진역은 조직의 학습과 개선을 촉진해야 함

이를 위해서는 추진역이 조직을 검증하는 데 참여하여, 새로운 깨달음이나 학습을 이끌어 내고, 이를 활용하여 조직을 개선해 나가는 방향으로 이끌 수 있어야 합니다.

상사나 거래처에 보고하기 위한 검증과는 전혀 다른 것입니다. 검증은 학습을 위해, 더 나은 행동으로 업그레이드하기 위한 목적으로 삼아야 하는 것입니다.

검증에 따른 학습을 반복하는 것만이, 고객 창조를 위한 원천이 된다고도 말할 수 있습니다.

사람은 실패를 통해 배우고, 이를 통해 성공에 다가갑니다. 추진역은 실행한 결과에 대해 '이 결과에서 읽어낼 수 있는 것은 무엇인가?'를 끊임없이 생각하고, 여기서 얻은 지혜를 조직 학습과 조직 개선에 활용할 수 있어야 합니다.

06

검토·개선 디스커션을 매니지먼트하기

열심히 하고 있는데 결과가…에서 배울 것은 무엇일까?

어느 식품 회사의 신제품으로 안주 판매를 지원할 때의 일입니다. 사장님은 "영업 부장에게 일을 맡겨 두고는 있는데 '영업 담당자들 모두가 제안할 곳을 넓혀가며 열심히 영업하고 있습니다.'라고 보고는 하지만 매출이 전혀 오르지 않고 있어요."라며 의뢰를 해왔습니다.

얼마 후, 영업 부장의 이야기를 들어 보자 "취급해 줄 것 같은 음식점을 찾아다니며 상품을 소개 하고 있습니다."라고 말했습니다.

"가게에서는 뭐라고 하던가요?"라고 물으니 "이 제품을 고객들에게 어떻게 어필하면 좋을지 잘 모르겠다고 하더라고요."라는 대답이 돌아왔습니다.

저는 "예를 들어, 이 안주와 잘 맞는 술을 세트로 제안해 보는 등, 먹는 장면을 구체적으로 떠올릴 수 있게 제안해 보면 어떨까요?"라고 의견을 냈습니다. 영업 부서 전원이 아이디어를 내고 의논한 결과 '사워sour(칵테일의 한 종류)에 잘 맞는 안주'라는 결론이 났고, 거래처에서도 그러한 이미지를 떠올릴 수 있는 자료를 만들었습니다.

영업 부서에서는 "새로 만든 자료를 바탕으로 제안했더니, 음식점들이 하이볼과 같이 내놓으면 좋을 것 같다고 하며, 채택해 주기 시작했습니다. 다른 가게에도 이런 아이디어들을 제안했더니, 더 많은 가게에서 채택되었습니다."라고 했습니다.

조직의 '배움' '움직임' '동기'를 향상시키기

실행 단계의 디스커션에서는, 이런 저런 실행 방안을 검토하는 것은 별로 의미가 없습니다. 오히려 다양한 아이디어를 낼수록 실행을 늦출 뿐입니다.

'지금 시점에서는 이게 최선이다.'라고 생각되는 방식으로, 최대한 빨리 검토하는 것이 중요합니다. 하지만 제 경험상, 처음에 생각한 계획이 예상대로 잘 흘러가는 경우는 잘 없습니다. 일단 실행해 본 후에 그 과정에서 일어난 일을 통해 학습하고, 더 좋은 방법을 찾아서 다시 실행하는 사이클을 몇 번 반복하다 보면 가장 좋은 성과를 내는 경우가 대부분입니다.

앞선 사례에서 살펴보면, 영업 부장이 영업 부서에서 이상뇌에 해당하고, 영업 담당자는 현실뇌, 그리고 사장이 추진역이 되어서, 다음과 같이 진행합니다.

[실행에 돌입할 때]

부장: 이 상품과 궁합이 잘 맞을 것 같은 음식점을 몇 군데 골라서 시험 삼아 제품을 놓아달라고 하고, 이 제품에 대한 반응을 들어 볼까요?

영업: 가게를 몇 군데 골라서 직접 제안하러 가보겠습니다.

사장: 우선은 1주일에 5군데 가게에 제안하고, 1주일 후 같은 시간에 검증·개선 회의를 합시다.

[검증·개선 회의 ①]

부장: 제안한 가게의 반응을 보면, 고객들에게 어필할 만한 이미지가 떠오르지 않는다고 하네요. 이미지를 떠올릴 수 있을 만한 제안서를 만들어 보면 어떨까요?

영업: 저도 가게 사장님에게 같은 이야기를 들었습니다. 사장님들은 술로

돈을 벌고 있는데, 술이 잘 들어갈 만한 식품이라면 흥미를 보이지 않을까요?

사장: 그러면 이 제품과 가장 잘 맞을 것 같은 술은 뭐라고 생각하세요?

부장: 맛이 진한 편이라 사워(sour) 종류가 어떨까 하는데…

영업: 우선은 개인이 운영하는 이자카야를 중심으로 영업하는 게 좋을 것 같습니다.

사장: 그러면 사워와 잘 어울리는 안주라는 콘셉트로, 개인이 운영하는 이자카야에 제안해 봅시다. 열 군데 제안을 목표로 하고, 1주일 후 같은 시간에 검증·개선 회의를 합시다.

[검증·개선 회의 ②]

영업: 가게에서 '"하이볼과 같이 내면 좋을 것 같다."고 하며 제품을 채택해 주었습니다.

사장: "하이볼과 같이 내면 좋을 것 같다."고 한 이유는 뭐라고 생각하세요?

영업: 단맛이 나는 사워보다 깔끔한 맛의 하이볼이 가장 잘 맞을 것 같다고 얘기하더라고요.

부장: 그러네요! 그러면 하이볼과 가장 잘 어울리는 안주로 해서 가게들을 돌며 제안해 봅시다.

사장: 다른 영업 인원들에게도 공유해서 다같이 제안을 검토해 볼까요?

부장·영업: 네 그렇게 해보겠습니다. 1주일 안에 각자 열 군데 제안을 목표로 움직여 봅시다.

 이와 같이 '해보고', '배우고', '새롭게 해보는' 과정을 반복하면서, 점점 일이 잘 풀려가는 것을 체험하게 되고, 자신감이 붙으면 실행·검증·개선 속도도 점점 빨라집니다.
 이 일을 직접 실행하는 본인도 즐거움을 느낄 수 있고, 동기 부여도 됩니다. 검토·개선 디스커션은 조직의 배움과 움직임, 동기를 높여주는 감사한 도구입니다.

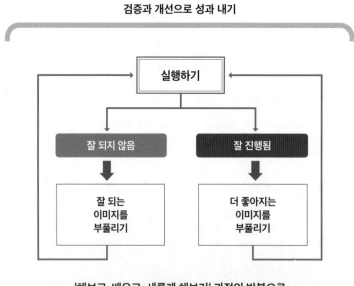

검증과 개선으로 성과 내기

실행하기

잘 되지 않음 → 잘 되는 이미지를 부풀리기

잘 진행됨 → 더 좋아지는 이미지를 부풀리기

'해보고, 배우고, 새롭게 해보기' 과정의 반복으로
조직의 의욕을 끌어내기

07

검토·개선 회의를
진행할 때의 포인트

다양한 시도가 방치되어 있는 프로젝트

어느 스타트업의 신규 서비스 프로젝트를 지원할 때의 일입니다. 서비스 등록자 수가 목표를 크게 밑돌아, 직원 모두가 초조해하고 있었습니다. 사장님은 저에게 "이 상황을 극복하지 못할 수도 있겠다."고 상담을 해왔고, 매주 진행하고 있던 온라인 정례 회의에 관찰자로 참가하게 되었습니다.

회의에서는 서비스의 추가 기능이나 회원 등록을 늘리기 위한 대책, 일 단위 등록자 추이 보고 등 다양한 일들이 함께 논의되고 있었습니다. 회의 종료 후 사장님에게 "신규 서비스와 관련된 업무들을 검증하고 개선하는 회의를 별도로 진행해 보지 않으실래요?"라고 제안했습니다.

저의 제안이 받아들여져 얼마 후, 회의를 열게 되었습니다. 구성원들은 "서비스 개발에 쫓겨 개선할 만한 여유가 없다.", "정작 기획한 일은 벌려 놓기만 하고 손을 못 대고 있다."라는 이야기를 했습니다.

저는 "지금 우선적으로 해야 할 것은, 새로운 기능을 개발하는 것도, 다양한 기획을 하는 것도 아닙니다. 지금까지 해온 일을 돌아보고, 사용자가 늘어날 수 있는 방향성을 찾는 것입니다."라고 말했습니다. 이를 들은 구성원 한 명이 "이 서비스의 가치를 고객이 될 사람에게 가서 닿을 수 있게 해야 되지 않을까요?"라는 의견을 냈고, 모든 사람들이 이에 동의했습니다.

실행 후 시간을 두지 않고 검증·개선하기

실행하는 것에만 쫓기다 보면 "이게 아니면 다음에는 저렇게 해보자."라고 하면서, 일이 풀리지 않을 때 다음 실행 방안을 내고 실행하는 일을 반복하게 됩니다. 그러다 최종적으로는 손 쓸 방법이 없어지고 막다른 길에 접어드는 경우가 있습니다. 저도 실행 단계에서 회의에 참가하게 되면 "이 방법도 저 방법도 해봤는데, 잘 되지 않아서 어떻게 하면 좋을지 모르겠어요."라는 말을 들을 때가 많습니다. 이러한 사람들의 공통점이 실행 과정과 결과를 검증하고, 더 좋은 결과가 얻어질 수 있도록 실행 단계를 생각하는 검증·개선 회의가 아닌, 아이디어를 내면서 그 중에서 좋아 보이는 수단을 발견하기 위한 회의를 한다는 점입니다.

저희는 어느 정도 실행이 끝난 시점에서, 시간을 두지 않고 바로 검증·개선 회의를 실시합니다. 쇠가 뜨거울 때 두드리지 않으면 식어서 굳어버리는 것과 같이, 사람의 머리도 실행 단계에서는 "이렇게 해봤는데 잘 되지 않는 건 무슨 이유였을까?"라고 생각하지만, 시간이 지나면 잊어버리기 때문입니다.

회의에서는 실행의 검증·개선으로 주제를 좁혀서 디스커션해야 합니다. 그 이외의 화제를 회의 중에 다루지 않도록 주의해야 합니다.

회의에서 다음 실행 방안이 결정되고 나면, 반드시 실행 기한과 검증·개선 회의 일정을 정해야 합니다.

예를 들어, 실제로 어떤 거래처에 가서 제안을 한다고 하면, 대략 1주일 이내를 기한으로 설정하고 그 직후에 회의 일정을 넣도록 합니다.

다만, 너무 무리하게 기한을 잡으면 업무에 지장이 생길 수 있기 때문에, 구성원들과 타당한 기한을 결정할 수 있도록 의논해야 합니다. 또한, 구성원들의 사정에만 너무 치우치지 않도록 주의해야 합니다.

성과가 있다면 회의를 열지 않고 일단 실행하기

검증·개선 회의는, 어느 정도 성과가 눈에 보이기 시작하고, 회의가 없어도 진행에 지장이 없다고 생각하면 열지 않아도 괜찮습니다. 이때는 실행을 최우선으로 생각할 때입니다 메일이나 전화로 해결할 수 있는 수준이면 그걸로 끝내야 합니다.

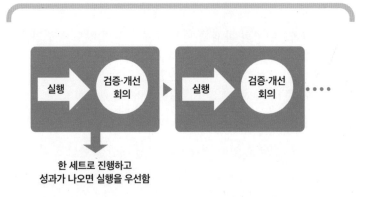

검증·개선 회의를 진행하는 방법 예시

한편으로, 시간이 지나도 성과가 손에 잡히지 않는 경우에는 방향성·기획·실행에 오차가 발생했을 가능성이 있습니다.

그런 경우에는 검증·개선 회의가 아니라 전체적인 지도를 체크하는 회의를 실시해야 합니다.

08 | 방향성·기획·실행에 오차가 생겼을 때의 대처법

CASE 28

예상치 못한 성공으로 인한 노선 변경에 고민하는 리더

과자 브랜드에서 신제품 개발 리더를 맡고 있는 지인과 이야기했을 때의 일입니다. 직장인들이 집에서 술을 많이 마시기 시작하는 트렌드에 맞춰, 맥주와 잘 어울리는 안주를 판매하기 시작했는데 생각처럼 매출이 오르지는 않았습니다.

어느 날, 젊은 층을 대상으로 하는 정보 프로그램에서 이 안주가 소개되었는데 한 순간에 학생들에게 인기를 끌기 시작했습니다. 예상 외의 고객에게 제품이 팔리기 시작하면서, 지인은 고객을 직장인으로 할지 학생으로 할지, 아니면 양쪽 다로 할지 고민

260

하고 있었습니다.

저는 "제대로 된 이유가 있다면, 지금 구입을 많이 하는 고객에게 집중해야 되는 것은 아닐지."라고 의견을 냈더니, 지인은 "그렇게 생각하긴 하는데, 하나부터 열까지 영업이나 구성원들에게 설명하고, 방향성이나 기획을 새로 생각해 내라고 하지 않으면 안 된다."며 쓴웃음을 지어 보였습니다.

저는 "그게 당신 역할이지 않나?"라고 했더니, 그는 체증이 내려간 것처럼 시원하게 웃으며 "내일 바로 얘기해 보겠다."라고 말했습니다.

이후에 지인에게 "영업이나 구성원들도 고객 우선순위를 바꾸는 것에 찬성해 줘서, 최대한 빠르게 방향성과 기획을 변경하기로 했다."는 연락이 왔습니다.

답은 고객이 가지고 있다

제3장에서 "방향성은 '절대적'인 게 아니라 몇 번 변경해도 되는 것"이라고 언급했던 적이 있는데, 실제로 실행을 해보면 생각했던 것과 달라지는 일이 자주 있습니다. 앞선 사례와 같이 예상했던 고객에게는 팔리지 않고 생각지도 못했던 고객에게 잘 팔리는 경

우, 어디를 어떻게 조정하면 좋을지 고민하게 됩니다. 그러다 자칫 이쪽도 저쪽도 정하지 못하는 상황이 발생되어서는 안됩니다.

고객이 변하면 당연히 방향성이나 기획도 변합니다. 사실 업무 실행 단계에서 다시 방향성 설정이나 기획 단계로 돌아가는 것은 상당히 용기가 필요한 일입니다.

하지만 답은 조직이 아닌 고객이 가지고 있습니다. 답을 알려주는 고객을 만났다면, 다음으로 우리가 해야 할 일은 그 과정에서 학습한 것을 바탕으로 고객에게는 행복을, 기업에는 매출을 올려줄 수 있는 길을 찾아내는 것입니다.

학습을 개선으로 연결하는 포인트는 다음과 같습니다.

① 당초 정했던 방향성·기획을 고집하지 않는 것
② 변화가 필요한 곳은 어디인지, 사실을 바탕으로 점검할 것
③ 변화가 필요한 곳을 정했다면 새로운 이미지를 만들 것

추진역이 중심이 되어 이러한 사항을 중심으로 검토해 나가야 합니다.

①은 방향성이나 기획이 흔들리는 것도 문제지만, 너무 그것만 고집하는 것도 좋지 않다는 의미입니다. 중요한 것은 사리사욕 없이 고객의 행복을 위해 머리를 쓰는 것입니다. 사리사욕은 방향성·기획을 새롭게 만드는 것을 방해합니다. 어느 나라든 정치인을

떠올려 보면 이해가 잘 되실 겁니다. 사회를 위해, 사람들을 위해 이타심을 가지도록 마음에 새겨야 합니다.

②는, 사실을 해석하는 방법이 중요한데, 자신들이 기대했던 것과 다른 일이 벌어졌을 때 그 사실을 받아들이지 못하는 상황에 빠지는 경우가 있습니다. 예를 들어, 모의고사에서 합격 선에 있었는데 실제로 대학에 지원했을 때 탈락하면 '나는 운이 나빴어.'라든가 '그때 부모님이 하신 말씀 때문에 그렇게 됐어.'라는 등 책임을 전가하게 되는 것처럼 말입니다.

그럴 때야 말로 다른 사람을 탓하는 것이 아니라, 그 사실을 받아들이고 변화가 필요한 곳이 어딘지 점검할 수 있어야 합니다.

다만, 고객을 바꾸는 경우는 주의가 필요합니다. 고객 중에는 우연히 그 상품을 구입한 특수한 경우와, 이유가 있어서 그 상품을 구입한 경우가 있는데 특수한 경우를 주요 고객이라고 생각해 버리면 잘못된 방향으로 빠지게 됩니다. 고객이 상품을 구입한 이유와 배경을 확실하게 알아내는 것이 포인트입니다.

③은 지금까지 생각해온 것에 매달리지 않고, 머리와 기분을 새롭게 전환하여 제로 베이스에서부터 생각하는 것입니다. 어떻게든 '이전으로 돌아갔다.'는 생각이 들지 않게 해야 합니다. '더 나은 세상을 만들기 위해 앞으로 나아간다!'라는 긍정적인 마음가짐으로 전혀 새로운 이미지를 만들어 낼 수 있어야 합니다.

업무를 성실하게 마주하기

마지막으로 '새로 만들어 내는 것이 귀찮다.', '편하게 마무리하고 싶다.'고 업무에 불성실해지는 일만은 없도록 해주시면 좋겠습니다. 그렇게 되면 결국 학습과 개선의 개회는 영원히 없어지고, 업무를 했던 개개인의 성장은 물론 조직 전체의 성장을 멈춰버리는 일이 되기 때문입니다.

피터 드러커의 명언 중 이런 글귀가 있습니다.

고객에게 배우기

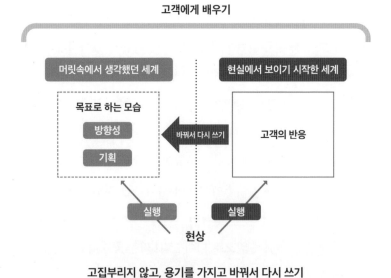

고집부리지 않고, 용기를 가지고 바꿔서 다시 쓰기

"성실하지 않은 사람은 조직문화를 파괴하고 성과를 저하시킨다."

업무를 성실하게 마주할 수 있도록 해주십시오.

돈을 들이면
팔린다는 건 환상

어느 부동산 회사의 신규 사업 프로젝트를 지원하고 있을 때의 일입니다. 고객과 제공가치를 충분히 검토하고, 이제 서비스 론칭을 위한 웹사이트를 만들어야 하는 단계였습니다. 웹사이트를 만드는 팀에서는 "지금까지와 같이, 어느 정도 실적이 있는 회사에 의뢰해야 한다."는 의견이 다수였고, 과거 거래 실적이 있는 사이트 제작 회사에 문의한 결과 수천만 원의 견적이 나왔습니다.

이를 경영진에 보고했더니 "아직 확신이 없는 서비스에 그만한 비용은 들일 수 없다."는 대답이 돌아와서, 사이트 제작 팀에서는 다시 그 회사와 비용 협상을 벌였지만, 경영진과의 합의점은 좁혀지지 않았습니다.

이 상황을 어떻게 하면 좋을지 프로젝트 리더가 의논을 해왔고, 저는 "웹사이트가 판매를 크게 좌우하는 것이 아니라면 비용을 최소한으로 줄이고, 서비스의 성장에 따라 단계적으로 수정해 나가면 되지 않을까요?"라고 의견을 냈습니다.

웹사이트 구축에 들일 비용을 고민하느라 실제 집중해야 할 서비스 론칭을 늦추는 것은 의미가 없다는 결론에 다다랐습니다. 경영진도 이와 같은 의견에 동의하여 문제없이 일이 진행되었습니다.

신규 사업은 순조롭게 진행되어 고객이 늘어났고, 지금도 월 몇만원의 저렴한 요금으로 사이트를 활용하고 있습니다.

신제품이나 신규 사업 프로젝트를 진행할 때 '돈을 들일수록 좋은 결과가 나온다.'고 잘못 생각하는 사람이 있습니다. 반면에 '가능하면 비용을 줄이고 싶다.'고 생각하는 사람도 있습니다. 그 배경에는 '꼭 필요한 곳에는 돈을 들이고 싶다.'는 암묵적인 전제가 깔려 있습니다. 하지만 본래 우리가 생각해야 할 것은 '이러한 가치를 제공하기 위해 어떻게 해서든 우리의 힘으로 실현할 수 없는 부분이 어디인가?'라는 점이며, '이를 최소한의 비용으로 실현할 방법은 무엇인가?'입니다.

일부 투자 펀드회사나 컨설팅 회사를 제외하고는, 아직 아무도 실현한 적 없는 가치에 대해 방대한 비용을 들이고 싶어 하지 않습니다. 애플 최초의 PC는 차고에서 탄생했지요.

이야기가 옆으로 새는데, 요즘 필요 이상의 사옥을 구축하거나 사람을 채용해서 적자를 내면서도 시장에서 자금을 조달해 사업을 이어나가는 회사들이 늘어나고 있습니다. 저는 이러한 사태에 의문을 품고 있습니다.

고객 창조란 사람의 행복을 진심으로 바라고, 이를 실현하기 위해 지혜를 모아 그 대가로 이익을 얻는 것이라고 생각합니다. 이는 기업도, 비영리 단체도, 국가도 모두 마찬가지입니다.

고객 창조에서는 돈이 먼저 나가고, 이익은 그 후에 발생합니다. 사업 지속성의 관점에서 처음에 나가는 비용은 최소한으로 줄이고, 이익이 발생하기 시작하면 그 이상의 고객 가치 창조를 위한 비용을 들이면 됩니다. 국가 예산처럼 연초에 사용할 예산을 확보하고, 연말이 되어서 남은 예산을 쓰기 위해 도로를 갈아엎는 것은 넌센스라고 말할 수밖에 없겠지요.

제 5 장

회사의
회의 재생을 위해
알아 두어야 할 것

두 마리 토끼를 모두 잡기 위해서는 회의를 제대로 구별하는 것이 중요

고객 창조와 현 사업의 안정적인 성장이 양립하기 위해서는?

회의에 참관하다 보면 가끔 "이 제품의 매출을 높이기 위한 방법을 논의하면서, 신제품에 대해서도 생각해 보자."고 하며 두 가지를 동시에 이야기하는 사람이 있습니다.

이러한 이야기를 하고 있는 한, 새로운 제품은 절대로 탄생할 수 없습니다. 왜냐하면, 지금 있는 제품의 매출을 올리는 회의와 신제품을 기획하는 회의는 사고 방식도 커뮤니케이션 방식도 회의 진행 방식도 모두 다르기 때문입니다. 고객 창조와 현 사업의 안정적인 성장을 둘 다 얻기 위해서는 '회의를 제대로 구분'하는 것이 중요합니다.

많은 기업에서는 한 번의 회의에 두 가지 이야기를 진행하거나, 일반적인 회의 방식으로 신제품 개발을 하려고 하는 경우가 있습니다. 이렇게 해서는 어느 쪽도 제대로 일이 진행될 수가 없습니다.

앞으로 기업은 현재 하고 있는 사업을 안정적으로 운영하면서도 고객 창조에도 도전하는 '두 마리 토끼 잡기 경영'을 할 수 있어야 합니다. 이를 위해서는 지금까지 해오던 것처럼 여러 가지 논의를 하는 회의가 아니라, 회의를 목적에 맞게 구별해서 사고 방식, 커뮤니케이션 방식, 회의 진행 방식을 나누는 것이 포인트입니다.

스타트업은 고객 창조에만 집중하면 될 거라고 생각하기 쉽지만, 많은 스타트업들이 그날 그날 수입에 신경 쓰면서 고객 창조도 해야 되는 것이 실상입니다.

스타트업이든 대기업이든, 고객 창조와 현재 사업의 안정적인 성장 두 가지 모두 중요한 것은 마찬가지입니다. 경영진부터 회의를 잘 구별(구분)해서 활용하는 것이 두 마리 토끼를 잡기 위한 첫걸음입니다.

매일 하는 업무에서 얼마나 시간을 낼 것인가?

"신제품 개발에 착수하고 싶은데, 성수기라 구성원들이 너무 바빠서 여유가 생기면 착수하려고 하고 있습니다."라고 말하는 사장님이 있었습니다.

이 회사는 이후로 몇 년이 지난 지금도 신제품을 만들어내지 못하고 있습니다.

많은 기업에서는, 신제품이나 신규 사업을 전담으로 맡아줄 인력을 배치하는 것은 어려우니, 일상적인 업무를 하면서 고객 창조에 도전해야 하는 상황에 놓여 있습니다. 일상적인 업무가 바쁘다는 것을 핑계로 고객 창조를 뒤로 미루는 것은 기업에 있어 백해무익한 일입니다.

고객 창조란 기업 활동의 본질이기도 하며, 이를 통해 사업과 인재가 성장하는 것입니다.

우리가 일을 할 때 유일한 제약 조건은 '시간'입니다. 시간만큼은 살 수도 없고, 다른 사람에게 넘겨줄 수도 없습니다. 고객 창조를 위해 시간이 가장 많이 드는 부분은 생각하는 것과 그 생각을 꺼내는 것입니다. 이러한 시간을 내기 위해 현재 하고 있는 사업을 점검하고, 단순 작업은 외주화하거나 클라우드 서비스를 이용하고, AI를 활용해서 업무 효율성을 높이고, 원격 근무로 이동 시간을 줄이려고 하는 것입니다.

또한 문제해결에 필요한 시간을 단축해서, 구성원들이 시간과 마음의 여유를 가지고 창의적으로 고객 창조에 임할 수 있는 환경을 만드는 것이 중요합니다.

다양한 기업을 봐온 결과, 시간 배분은 일상 업무를 7, 고객 창조를 3으로 조정한 곳이 많은 것 같습니다. 여기서 한 가지 주의해야 할 점이, 고객 창조에 사용할 수 있는 시간은 다른 일에 빼앗기기 쉽다는 것입니다. 예를 들어, 일상적인 업무 중에 발생한 트러블, 자신이나 가족이 아플 때, 개인적인 사정 등이 생기면 고객 창조를 위한 시간은 빼앗기기 십상입니다.

자기 스스로 관리를 잘 해야 하는 것은 당연한 것이지만, 한 명 한 명의 시간을 잘 조율해서 활용할 수 있는 사람이 있어야 합니다. 저는 추진역으로서 그 역할도 수행하는 경우가 많은데, 상황에 따라 임기응변으로 대응하면서 구성원들의 머리를 움직일 수 있도록 해야 합니다.

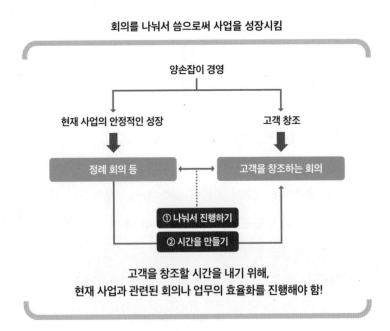

회의를 나눠서 씀으로써 사업을 성장시킴

양손잡이 경영

현재 사업의 안정적인 성장 / 고객 창조

정례 회의 등 ↔ 고객을 창조하는 회의

① 나눠서 진행하기
② 시간을 만들기

고객을 창조할 시간을 내기 위해,
현재 사업과 관련된 회의나 업무의 효율화를 진행해야 함!

열심히 하는 사람보다
이미지를 잘 그려내는 사람 참여시키기

보통 일을 할 때는 "이거 잘 부탁해.", "네, 알겠습니다."라든가 "이거 부탁할게.", "네 열심히 하겠습니다."라는 대화를 자주 목격하게 됩니다. 하지만 3장에서도 말씀드렸던 것처럼, 고객 창조에서는 이상뇌와 현실뇌, 추진뇌라고 하는 기능을 머릿속에서 이미지로 만들어낼 수 있는 사람을 골라야 합니다. 왜냐하면 열심히 하는 것이 아니라, 아웃풋의 질이 중요하기 때문입니다.

저는 사람을 고르는 것을 꽤 진중하게 진행하는 편입니다.

예를 들어 '정말 이 멤버로 답을 낼 수 있을까?', '요구되는 퀄리티의 아웃풋을 낼 수 있을까?', '기대되는 역할을 이미지로 떠올릴 수 있을까?' 등을 하나하나 확인하면서, 사람과 역할 분담을 정해 나갑니다.

회사 사장님들이 "그 직원이 열심히 해줬으면 해서 프로젝트 리더를 맡기고 싶습니다."라든가 "열심히 하는 성격이라 멤버로 참가시키려고 생각 중입니다."라는 이야기를 많이 하시는데, 저는 이러한 의견은 모두 거절했습니다.

"성과를 내고 싶으신가요? 사람의 가능성에 한번 걸어보고 싶으신가요?" 라고 사장님에게 물어 보니 "그야 당연히 성과를 내고 싶지요."라고 대답했습니다. 저는 "그러면 성과를 낼 수 있는 역량을 가진 사람을 뽑읍시다."라고 말했습니다.

저는 과거에 신제품 개발이나 신규 사업 프로젝트에서 인선에 실패한 적이 있습니다. 그것도 한두 번이 아니었습니다.

참여하는 멤버의 역량, 실패했을 때의 회복 과정 등 코디테이터로서 고생했던 경험을 통해 답을 낼 수 있는 멤버를 고르고, 역할을 분담하는 방법을 알아내게 된 것입니다. 그 이후로는 스트레스 없이 확실히 성과를 낼 수 있게 되었습니다.

인선을 잘못해서 고객 창조에 문제가 생기는 일은 없도록 주의해야 할 것입니다.

거절하는 용기, 참여시키지 않을 용기를 가지기

회의를 하다 보면 "이 사람도 참여시키는 게 좋을 것 같다."거나 "이 건에 대해서는 나도 관련되어 있으니 회의에 참여하겠다." 등의 이유로 사람이 늘어나는 일이 종종 있습니다.

하지만 회의에서 사람이 늘어나면 발언하기가 어려워지고, 각각의 생각을 살피기 힘들어지고, 역할이 모호해지는 문제가 발생해 결국 고객 창조에서 멀어지게 됩니다.

이런 일 없이 필요최소한의 두뇌로 새로운 이미지를 만들어내기 위해서는 "회의에 참여하고 싶다."는 의견에는 "내용은 나중에 공유드릴 테니 이번에는 현재 멤버로 회의를 진행할 수 있게 해주세요."라고 거절하고, "이 사람도 참여시키고 싶다."는 말에는 "죄송하지만 회의 후에 그 사람에게 내용을 공유하겠습니다."라고 거절하여 추가로 사람을 들이지 않도록 해야 합니다.

어쩔 수 없는 사정으로 사람을 참여시킬 수밖에 없는 경우에는 '관찰자'로서 참여하도록 해서, 회의에 관해서는 역할을 부여하지 않는 형태가 되어야 합니다.

저는 사장님이 직접 회의에 참여하고 싶다고 해도 "사장으로서 발언은 삼가 주시고, 관찰자로서 참여해도 괜찮으시면 참여하셔도 좋습니다."라고 말하곤 합니다.

지금까지 "회의에 참여하는 건 당연하다.", "관련 있어 보이는 사람을 회의에 계속 참여시켜 왔다."라는 의견에 대해 거절하는 것은 조금 부담스러울 수 있지만, 고객 창조에 대한 강력한 열망을 이루기 위해 회의에 참여하는 인원에 대해서는 생각을 바꾸도록 합니다.

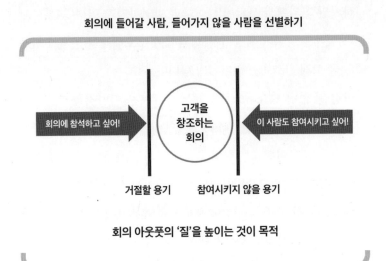

회의에 들어갈 사람, 들어가지 않을 사람을 선별하기

회의에 참석하고 싶어!

고객을
창조하는
회의

이 사람도 참여시키고 싶어!

거절할 용기   참여시키지 않을 용기

회의 아웃풋의 '질'을 높이는 것이 목적

03 | 고객 창조에 도전하는 사람은 적극적으로 응원하기

'잘하는 것이 당연하다'는 생각을 버리자

어느 기업의 신규사업 프로젝트를 맡았을 때, 부서별 회의에서 "지금 진행하고 있는 신규 사업 말인데요, 정말 성공할 수 있을까요?"라는 질문을 받은 적이 있습니다. 저는 "성공할지 어떨지는 알 수 없지만, 구성원 전원이 목표로 하는 모습을 실현하기 위해 전력을 다해 결과물을 내려고 하고 있습니다."라고 대답했습니다.

고객 창조에 뛰어들어 본 적이 없는 사람들 중에는 '하면 된다.'고 잘못 생각하고 있는 경우가 많습니다. 그런 사람들은 누가 실패라도 하면 "그럴 줄 알았다."고 하고, 성공하면 "직원으로서 당연한 일이지."라고 말합니다. 그런 말은 고객 창조에 뛰어들어 열심히 노력한 사람의 입장에서 보면 가슴이 찢어질 만큼 아픈 말입니다.

가능할지 불가능할지 알 수 없고, 성공한다고 해도 매출이나 수익이 날지 예측도 되지 않고, 혹시나 실패하면 자신의 커리어나 평판에 흠이 생길지도 모르는, 그럼에도 불구하고 더 좋은 회사를 만들기 위해 노력한 사람을 향해 손가락질하거나 부정적인 평가를 하는 일은 결코 없어야 합니다.

고객 창조를 위해 고군분투하고 있는 사람들에게 필요한 말은 "힘내.", "잘 되면 좋겠다.", "내가 도울 일이 있으면 말해줘."라는 응원의 말입니다. 그리고 그 프로젝트가 성공한 날에 함께 기뻐해 주시면 됩니다.

그렇게 함으로써 고객 창조를 긍정적으로 생각하는 분위기가 조직 내에 생겨날 수 있고, 자발적인 고객 창조가 자연스럽게 일어나게 되는 것입니다.

고객 창조를 특권으로 여기지 않기

한편으로, 고객 창조에 도전하는 사람들을 너무 특별 대우하는 경우도 있는데 이것 역시 좋지 않습니다. 지금의 일과 고객 창조 프로젝트를 겸하는 경우에는 즐거운 쪽을 우선시하게 되는 경우도 있는데, 이것도 안 됩니다.

또한 "○○씨는 지금 고객 창조 프로젝트 때문에 바쁘니까, 자네가 그만큼 ○○씨 일을 지원해주면 좋겠어."라고 하는 상사도 있는데, 이것 역시 해서는 안 되는 일입니다. 지금 하고 있는 업무를 우선시하되, 잠시 시간을 내서 고객 창조에 대해서도 고민하는 것을 기본으로 삼아야 합니다.

만약 고객 창조가 성공적으로 진행되어서 지금의 업무 성과를 커버하거나 그 이상의 성과를 내는 경우라고 하더라도 '우리가 이렇게 노력해서 지금의 회사가 있는 것'이라거나 '다른 사람들은 아무것도 안 했어.'라고 우쭐해서도 안 됩니다.

회사에는 다양한 사람이 있는 만큼 각각의 역할이 있고, 그 사

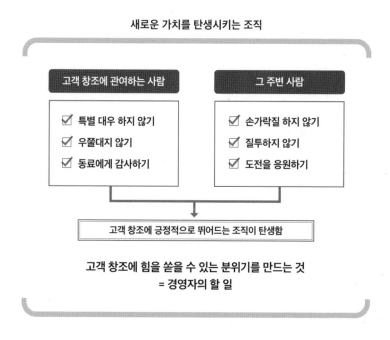

새로운 가치를 탄생시키는 조직

고객 창조에 관여하는 사람	그 주변 사람
☑ 특별 대우 하지 않기	☑ 손가락질 하지 않기
☑ 우쭐대지 않기	☑ 질투하지 않기
☑ 동료에게 감사하기	☑ 도전을 응원하기

고객 창조에 긍정적으로 뛰어드는 조직이 탄생함

고객 창조에 힘을 쏟을 수 있는 분위기를 만드는 것
= 경영자의 할 일

람들이 있기에 사업도 가능한 것입니다.

고객 창조가 성공하면 '다들 많이 도와준 덕분에 가능했던 것', '나도 열심히 했지만, 회사에 그만큼 역량이 있었기 때문에 가능했던 것'이라고 말할 수 있어야 합니다.

그렇게 하면 새로운 고객 창조에 도전할 때, 더 많은 사람들이 협력할 수 있을 것입니다. 도전하는 사람, 협력하는 사람, 응원하는 사람이 조직에 있음으로써 고객 창조에는 가속도가 붙을 수 있습니다. 경영자는 솔선수범해서, 조직이 고객 창조에 힘을 쏟을 수 있는 분위기를 만들어야 할 것입니다.

회의가 끝난 후 아웃풋을 위한 시간을 만들기

지금까지의 회의가 모이는 데 큰 비중을 뒀다면, 고객 창조에서는 방향성이나 기획의 이미지를 만들고, 이를 실행하기 위한 검증과 개선을 통해 해상도를 높이는 회의를 진행합니다.

그리고 가설을 바탕으로 자료를 만들거나, 고객에게 제안을 해보는 등 다양한 실행을 해보게 되는데, 온라인화가 급속도로 진행되는 지금, 이러한 활동을 펼치는 무대 또한 사내에 국한되지 않고 자택, 이동 중, 거래처 등 다양해지고 있습니다.

이런 상황에서 직접 대면을 통해 회의를 진행해야 된다고 생각하는 것은 시대에 뒤떨어진 일입니다.

지금은 온라인 환경이나 각종 툴들이 잘 마련되어 있어, 언제

어디에서든 회의를 하거나 커뮤니케이션을 할 수 있는 시대가 되었습니다.

"배우고 나서 쓰려고 하기보다는 써보면서 익숙해져라."는 말이 있듯이 아웃풋을 낼 수 있는 시간을 충분히 활용하기 위해, 온라인은 적극적으로 활용해야 하는 도구가 되었습니다.

한편, 온라인 회의를 진행하기 쉬워지자 반대로 회의가 늘었다는 얘기도 있습니다.

저도 하루에 10건 이상 회의 일정이 잡히는 경우도 있습니다. 회의는 아웃풋을 내기 위해 진행하는 것이지, 회의 그 자체가 목적이 되어서는 안 된다는 것을 잊어서는 안 됩니다.

온라인 시대에서는 "정말 이 회의를 하는 것이 의미가 있는가.", "이 회의에서 만들고자 하는 이미지란 무엇인가?"를 질문하는 것이 중요합니다.

회의를 통해 아웃풋을 만들어 내고자 사람이라면, 회의가 끝난 뒤 실제 결과물을 만들기까지의 시간은 반드시 마련해 두도록 합니다. 저는 온라인 캘린더에 업무 스케줄을 입력하고, 그 시간에는 회의를 절대 잡지 않도록 하고 있습니다.

온라인 회의를 활용하지 못하는 사람은 뒤처질 수밖에 없다

"온라인 회의를 하면 상대방의 표정이나 분위기를 읽기가 힘들어서, 이야기를 이어 나가기가 힘들다."는 이야기도 자주 듣게 됩니다.

아직도 연령대가 높은 분들이나 영업 직무를 하는 분들에게 이런 인상을 받을 때가 있습니다. 하지만 고객 창조를 위한 시간을 만들고, 활동 속도를 점점 높여야 하기 때문에 온라인 회의를 적극 활용할 수 있어야 합니다.

온라인 회의에서는 상대방의 표정이나 그 자리의 분위기를 파악하고, 자신의 발언을 조절하고 눈치를 보고 타협하는 일 등은 일절 필요하지 않습니다. 특히 실제 회의보다, 자신의 머리를 더 활발하게 움직이고, 상대방의 머릿속에 있는 이미지를 파악해서, 그 이미지를 확장시켜 나가는 창의적인 두뇌 사용법이 요구됩니다.

이는 머릿속에서 새로운 가치를 창조해 내야 하는 시대에 꼭 필요한 능력이며, 온라인 회의에 익숙해지는 과정을 통해서 이 능력을 단련시킬 수 있습니다. 따라서 앞으로의 시대에서 살아남기 위해서도 온라인 회의를 적극적으로 활용할 수 있어야 합니다. 온라인 회의를 제대로 활용하지 못하는 사람은, 아쉽지만 고객 창조를 위한 업무에서 점점 배제되고, 뒤처지게 될 것이라고 생각합니다.

온라인 회의가 불편하다는 의식을 가지고 있는 사람이라면, 지금 바로 실제 회의도 다시 살펴볼 필요가 있습니다. 그런 분들이라면 실제 회의에서도 머리를 제대로 활용하지 못할 가능성이 높기 때문입니다. 온라인 디스커션에 익숙해지면 자연스럽게 실제 회의의 질도 높아집니다. 온라인 회의에 익숙해질 수 있도록 노력해야 합니다.

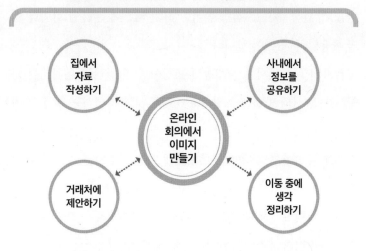

온라인 회의를 통해 조직의 사고와 행동을 가속화하기

- 집에서 자료 작성하기
- 사내에서 정보를 공유하기
- 온라인 회의에서 이미지 만들기
- 거래처에 제안하기
- 이동 중에 생각 정리하기

온라인 회의를 잘 활용할 수 있게 되어 다른 회사와 차별화하기!

05 서툰 영역은 외부의 힘을 빌리기

서툰 영역은 외부에서 빌려오기

어느 은행의 소개로, 대출 거래처인 회사에 방문한 적이 있습니다.

그 회사는 사업계획을 세워 목표 수치와 세부 계획을 세워 구성원 한 명 한 명이 할 일을 모두 부여한 상태였지만, 사업계획 목표는 달성하지 못하고 있었습니다.

제가 사업계획 목표 달성이 어려운 이유와 추진역의 역할 부재에 대해 사장님께 설명했더니, 사장님은 "그런 역할을 수행할 수 있는 인재가 우리 회사에는 없어요. 미래에는 조직 내에서 스스로 추진역의 역할을 맡아야 된다는 생각이 들어서, 추진역 선정을 바로 진행하려고 하는데 도와주실 수 있을까요?"라고 요청했습니다.

제가 "이렇게 바로 의뢰해도 괜찮으세요?"라고 물었더니 사장님은 "네, 요즘 우리 회사에 부족한 것이 무엇이고, 약점을 어떻게 하면 강점으로 바꿀 수 있을지 고민하고 있었는데 지금 얘기를 들어보니 결심이 섰습니다."라고 대답했습니다.

또 다른 사람에게 소개받아 어느 회사의 사장님을 만난 적이 있습니다. 그는 "우리 회사에서는 모든 업무를 독립적으로 수행할 수 있습니다."라고 자신 있게 말했습니다. "외부인이 와서 도와줄 일은 아무것도 없다."는 자세가 사장님의 태도에서도 넘쳐흐르고 있었습니다. 집으로 돌아가는 길에, 소개해 준 사람에게 연락해서 상황을 전했더니 "그 사장님, 말은 그렇게 하는데 최근 10년 간 실적이 저조해요. 외부의 힘을 좀 빌렸으면 해서 소개했던 건데…." 라고 말했습니다.

역량 부족이 원인으로 사업의 안정적인 성장이 진행되지 않고 있다면, 경영자는 한시라도 빨리 이를 극복해야 합니다. 방법을 사내에서 찾기가 힘든 경우라면, 외부의 두뇌를 적극적으로 활용할 수 있어야 합니다.

생각을 모두 외부에 맡기는 것은 절대 금물

한편, 업무가 바쁘다거나 뭔가 좋은 아이디어를 얻고 싶다는 이유로 생각하는 일을 외부에 통으로 맡겨버리는 사람이 있습니다.

저의 철학으로는 이상뇌와 현실뇌는 원칙적으로 기업 내부에서 담당해야 하는 것이고, 회사 내부의 능력으로는 사고의 영역을 확장시키기 어려운 전문 분야(예를 들면 마케팅이나 크리에이티브, 법무나 노무, 세무 관련 업무 등)는 외부 전문가의 두뇌를 빌려야 하는 것이라고 생각합니다.

하지만 컨설턴트라고 불리는 사람들의 두뇌를 빌릴 때에는 주의가 필요합니다. 예를 들어 '매장 개선 컨설턴트'라는 사람이 있다고 하면, 어느 부분에 대해 어떤 능력을 빌리고 싶은 것인지 명확하게 해 둘 필요가 있습니다. 이 내용이 정해지지 않은 상태로 업무를 의뢰한다면, 원하는 만큼의 성과로 연결되지 않을 가능성이 높습니다.

또한, 많은 기업에서는 추진역을 육성해오지 못했다는 것을 이유로, 앞선 사례의 회사처럼 사내에서 추진역을 육성하고 싶다는 의뢰도 최근 많이 늘어나고 있습니다. 이상뇌나 현실뇌의 지식을 축적하는 것은 조직의 발상이나 성과를 내는 힘을 키워주기 때문에, 다양한 세미나나 강연, 타사 사례 공유 등을 통해 인풋을 늘려 나가야 합니다.

추가적으로, 회사 밖의 사람과의 토론을 통해 새로운 아이디어를 만들어 내는 것도 강력하게 추천합니다.

저도 클라이언트 기업의 사장님들에게 디스커션을 의뢰받는 경우가 적지 않습니다. 이미지를 머릿속에서 확장시키는 발상력을 단련시키기 위한 투자는 아낌없이 적극적으로 해야 합니다.

외부의 지혜를 빌리는 세 가지 패턴

목표로 하는 모습이 애매모호함	→ 추진뇌를 빌려 해상도를 높임
목표로 하는 모습을 구체화하고 싶음	→ 현실뇌를 빌려 새로운 아이디어를 냄
목표로 하는 모습을 착실하게 실행하고 싶음	→ 추진뇌·현실뇌를 빌려서 실현함

서툰 영역을 인식하고, 두뇌를 빌려서 고객 창조를 실현하기!

06	조직에 자신감을 불어넣는 것도 잊지 말 것

작은 성공 사례를 잘 활용하기

고객 창조에 익숙하지 않은 조직의 경우, 자신들이 하고 있는 일 중 어느 것이 맞고 어느 것이 틀렸는지 모른 상태로 불안해하는 경우가 많습니다. 이런 상태에서 "그 아이디어는 별로야." 라거나 "왜 좋은 아이디어가 안 나오지?"라고 몰아붙이면, 실무자 입장에서는 위축될 수밖에 없습니다. 그렇게 되면 사고의 폭이 점점 좁아지고, 재미있는 아이디어도 나올 수가 없습니다.

회의에서 조금이라도 재미있는 아이디어가 나오면 "그거 재밌네!"라고 반응하고, 자기 나름대로의 생각을 가져오면 "오, 좋은데!", 문제를 해결했을 때는 "수고했어."라고 아웃풋에 대한 긍정적인 피드백을 할 수 있도록 힘써야 합니다. 그런 피드백을 받으면 실무자들은 '잘 되고 있는 것 같으니 더 힘 내야지.'라고 긍정적인 사고를 할 수 있습니다.

이처럼 아웃풋에 대해 하나하나 정성스럽게 피드백을 함으로써 상대방은 조금씩 자신감을 가질 수 있고, 이를 통해 동기 부여가 되어 스스로 생각할 수 있게 됩니다.

자율적으로 생각하는 조직을 만들고 싶다면, 조금 힘들더라도 피드백하는 습관을 들여야 합니다. 경영진이 솔선수범하면 자연스럽게 조직 내 관계도 좋아질 것입니다.

더 높은 곳을 목표로 삼기

일정 수준까지 아웃풋을 낼 수 있게 되었다면, 다음은 한 단계 더 높은 곳을 목표로 삼습니다. 회의에서 재미있는 아이디어가 나오면 "이런 방향으로 조금 더 의견 내볼 수 있을까?"라고 더 높은 수준의 아이디어를 생각하도록 촉진해야 합니다.

이것은 '디렉션'이라고 불리는 기법으로, 아이디어를 직선 상태로 줄을 세웠다고 가정하고, 그 방향성에 맞게 사고를 확장시키는 방법입니다.

제가 광고회사에 근무했을 때, 크리에이티브 회의에서 이 기법을 자주 활용했습니다.

크리에이티브 디렉터라고 불리는 사람이 여러 명의 크리에이터가 낸 아이디어를 보면서 "여기를 이렇게 바꿔 보면 어떨까?"라든가 "이 아이디어는 지금 딱 한 가지 조미료가 부족한 것 같은데 다시 한번 생각해 주면 좋겠어."라고 지시하곤 했습니다.

지시받는 입장에서는 "일단 내 아이디어가 수용되었어. 더 좋은 결과물이 나올 거라고 기대하시니 다시 좀 더 다듬어 봐야지."라며 두뇌를 움직입니다.

디렉션을 내리는 입장에서 어렴풋하게라도 방향을 가리켜주지 않으면 조직의 사고력은 높아질 수 없습니다.

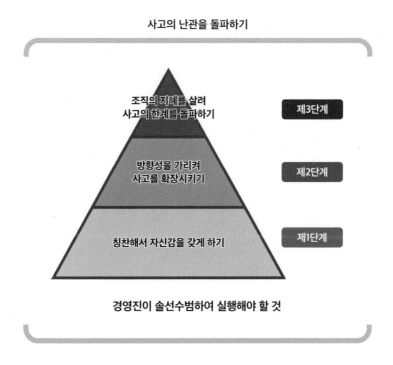

성과가 좋은 기업 중에는 사장이 직접 디렉션을 내리고, 구성원들이 생각해 낸 상품이나 서비스에 대해 더 좋은 아이디어가 될 수 있도록 피드백하는 곳도 있습니다.

더 높은 곳을 목표로, 조직이 협력해서 함께 생각할 수 있도록 촉진함으로써 더 좋은 상품이나 사업을 만들어낼 수 있습니다.

07 | 생각하는 버릇으로 구성원의 주도성 촉진하기

생각하는 버릇을 가지게 하기

생각이 잘 정리되지 않은 사람이 "이거 어떻게 하면 좋을 것 같다고 생각하세요?"라거나 "생각해봤는데 생각할수록 더 모르겠어요."라고 고민을 털어놓을 때가 있습니다. 그런 이야기를 들으면 괜히 내 생각을 말해주고 싶어지기 마련입니다.

하지만 이 지점에서는 한번 꾹 참고 "예를 들면 이런 이미지를 그려 보는 건 어떤가요?", "이런 이미지를 그리고 있는 것 아닌가요?"라고 상대방이 가지고 있는 머릿속 이미지의 해상도를 높여주는 피드백을 해주는 것이 좋습니다.

저는 정답에 가까운 것을 말하기 직전의 상태로 "이러이러한 이미지는 어떤가요?"라고, 아이디어를 제공하면서도 '최종적으로 생각하는 것은 당신입니다.'라는 태도를 취합니다.

무엇을 어떻게 생각하면 좋을지 모르는 사람에게 "더 생각하세요."라고 말해도, 오히려 상대방의 머리를 혼란스럽게 할 뿐이죠.

이처럼 '힌트'+'이러이러한 이미지는 어떤가요?'라는 구문은 의외로 활용하기 쉽습니다. 이 구문을 들은 상대방은 "이미지가 떠올랐어요. 다시 한번 저 나름대로 이미지를 정리해보겠습니다."라고 말하게 됩니다.

'조금 돌아가는 것 같은데'라고 생각하는 분들도 계실지 모르겠지만, 오랜 시간 이 분야에서 일하면서 본 결과 이 방법이 자율적으로 사고하는 힘을 키우는 데는 가장 빠른 지름길이라고 확신합니다.

사장의 머리를 뛰어 넘기

구성원들이 생각해 낸 아이디어 중에 사장의 머릿속(상상)을 넘어서는 것이 나오는 경우가 있습니다.

예를 들이 DX나 테크놀로지 분야의 경우, 젊은 사람일수록 상상력이 풍부합니다. 혹시라도 상상을 뛰어넘는 아이디어가 나오면, 이를 마음속 깊이 기뻐하며 장려할 수 있도록 해야 합니다.

기업은 사장의 것이라고 생각하고 있다면 사장의 사고 이상으로 확장되기 힘들지만, 장래의 사업 성장성을 뚫어 보고 새로운 발상을 받아들이려고 하는 기업은 확실히 성장합니다.

사장의 발상을 뛰어넘는 구성원이 계속해서 나와 준다면, 조직은 지금 이상으로 성장할 수 있을 것입니다.

그리고 조직은 항상 새로운 고객 창조를 위해 움직일 수 있습니다. 사장은 조직이 자신의 상상을 뛰어넘을 수 있도록 자신감을 갖게 하고, 더 높은 곳을 바라볼 수 있도록 사고를 확장시킬 수 있어야 합니다.

저는 이렇게 실천하고 있는 기업들을 서포트한 적이 있는데, '창조적 긴장감'이 넘치는 분위기에서 정말 기분 좋게 일할 수 있었습니다.

마지막으로 재미있는 이야기를 한 가지 해드리려 합니다.

옛날에 혼다기연공업Honda에서 신규 사업 콘테스트를 열었을 때, 사내에서 우승했던 것이 '접이식 전동 오토바이'였습니다.

이를 혼자 소이치로 회장에게 보고했더니, 얼굴이 시뻘개져서 이렇게 호통을 쳤다고 합니다. "더 재미있는 일을 하려고 나는 오토바이를 만들어서 돈을 벌고 있는데, 또 오토바이를 만들어서 어쩌겠다는 거야!"라고 말입니다.

혼다 소이치로 회장은 조직이 자신의 머리를 뛰어넘게 만들려고 했던 사람이었습니다.

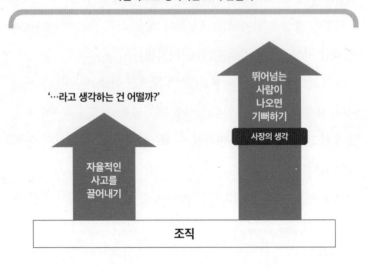

자율적으로 생각하는 조직 만들기

'…라고 생각하는 건 어떨까?'

뛰어넘는 사람이 나오면 기뻐하기

사장의 생각

자율적인 사고를 끌어내기

조직

조직의 생각을 끌어내고, 지속가능한 기업 만들기!

프로젝트를 멈추게 만드는
회사 내의 방해꾼을 다루는 법

1장에서 '이상뇌'와 '현실뇌'에 대해 다루어 보았는데, 실제 조직에서는 그대로 움직여 주지 않는 경우가 있습니다. 전형적인 예가 다음과 같습니다.

- 다른 사람의 의견을 들으려고 하지 않는 '자기 고집이 센 사람'
- 정답이나 성과를 재촉하는 '성격 급한 사람'
- 네거티브한 반응이나 지나간 일에 대해 언급하는 '비판적인 사람'
- 구체적으로 전달하지 않으면 움직이지 않는 '수동적인 사람'
- 하겠다고 해놓고 안 하는 '게으른 사람'

이번에는 저의 경험을 바탕으로, 이런 사람들을 만났을 때 어떻게 대처하면 좋을지 방법을 알려드리려고 합니다.

자기 고집이 센 사람

강렬한 성공 경험이 있는 창업자나, 자신감 과잉인 리더들에게 자주 볼 수 있는 타입의 사람입니다. 주변에서 누군가가 의견을 이야기해도 "내 생각이 절대적으로 옳아."라고 주장하며 다른 의견에 귀를 기울이지 않습니다.

이런 사람에게 "그건 아닌 것 같아요."라고 정면으로 부딪히면 역효과가 나기 십상이고, 그렇다고 "이렇게 한 번 해보는 건 어떨까요?"라고 다른 제안을 해도 자신의 신념을 순순히 굽히지는 않습니다. 다만, 그 사람의 보이지 않는 곳에 그렇게 주장하게 된 배경이 반드시 존재하기 때문에 그 부분을 파악하는 것부터 시작해야 합니다.

예를 들어, "확실히 그 생각은 재밌네요. 그렇게 강하게 생각하시게 된 이유를 들어볼 수 있을까요?"라고 말하고 상대방이 "예전에 이렇게 해서 성공한 적이 있어서, 이번에도 똑같이 해보면 잘되지 않을까 생각했어요."라고 대답한다면 "정말 엄청난 성공이었네요! 그런데 그때와 지금은 이런 이런 점이 다르기 때문에, 그 부분을 고려해서 이미지를 다시 한번 그려 봤으면 하는데 어떠세요?"라고 질문합니다. 이런 방식으로 상대방이 고집하고 있는 생각의 틀을 벗어날 수 있도록 리드합니다.

상대방이 "하긴, 듣고 보니 그럴 수도 있겠네요."라고 말하게 되면, 그 지점부터 이미지를 떠올려 보며 사고를 확장하는 디스커션에 들어가는 것이 좋습니다.

성격 급한 사람

"그때 그 건은 어떻게 됐어?"라든지 "전혀 진행이 안 됐잖아."라고 자주 말하는 사람에게 현재 상황을 자세하게 설명하거나, 진행되지 않은 이유를 열거하는 것은 불난 집에 부채질을 하는 것이나 마찬가지입니다. "그러니까, 왜 그렇게 됐냐고 지금 묻고 있잖아!"라는 말이 돌아올 뿐입니다.

이런 사람과는 우선, 목표 이미지를 공유하고 스케줄을 확실히 정하는 것부터 시작해야 합니다.

예를 들어 "이 건에 대해서는 기획서 완성을 목표로 1개월 안에 마무리하려고 합니다. 2주 안에 초안을 작성해서 확인한 후에, 남은 2주 동안 완성해서 최종 확인하는 것으로 생각하고 있습니다."와 같은 이미지입니다.

성격 급한 사람의 대부분은 별로 세세한 내용까지 확인하지는 않는데, 가끔 세부적인 부분까지 체크하려는 사람이 있습니다. 그런 경우에는 "1주일에 한 번 진행 상황을 공유 드리려고 하는데 수요일 오전 9시에 시간 내주실 수 있을까요?"라고 사전에 일정을 잡아 두는 것이 좋습니다.

어떻게 해서든 상대방이 먼저 확인하고 싶어하거나 보고 싶어 하지 않도록 사전에 예방하는 것이 포인트입니다.

비판적인 사람

무슨 말을 꺼내면 "그건 실현하기 어려운 거 아닌가?"라거나 "그걸 우리 회사 사람이 할 수 있다고 생각해?"라고 말하는 사람에 대해 "실현 가능할지 불가능할지 해보지 않으면 알 수 없잖아요.", "그렇게 말씀하시면 아무것도 시작 못합니다."라고 반론하는 것은 아무 의미가 없습니다.

비판적인 표현에 하나하나 반응하는 것이 아니라, 그런 발언을 하게 된 숨겨진 의도를 파악해 내는 것이 중요합니다. '어렵다', '불가능하다'와 같은 발언의 뒤에는 반드시 이유가 있기 때문입니다.

예를 들어 "어렵다고 생각하시는 이유가 무엇인가요?"라고 질문해서 "○○이라는 과제를 해결하지 못한 상태에서는 어렵다고 생각하거든요."라는 대답이 나오면, "과제를 해결하는 이미지를 함께 생각해 주실 수 있나요?"라고 하며 디스커션에 들어가야 합니다.

비판적인 사람의 두뇌를 빌릴 수 있게 되면, 이미지의 해상도는 기하급수적으로 높아집니다. 비판적으로 사물을 바라볼 줄 아는 사람 중에는 생각이 깊은 사람이 많기 때문입니다.

수동적인 사람

회의를 진행하던 중에 "그러면 구체적으로 무엇을 하면 되는 건가요?", "구체적으로 말씀해주시지 않으면 움직이지 못해요."라고 하는 사람이 있습니다.

이런 사람을 싸잡아서 '수동적인 사람', '다루기 힘든 사람'이라고 낙인을 찍지 말고, 상대방과 함께 이미지를 만들어 나가야 합니다. 수동적으로 보이는 사람은 사실 머릿속에 이미지가 그려지지 않아서 그런 경우가 대부분이기 때문입니다.

예를 들어 "구체적으로 어떻게 하면"이라는 질문을 받으면 "이런 이미지를 가지고 생각해 보면 어떨까요?"라고 힌트를 주면서 사고를 촉진시키도록 합니다.

상대방이 "이런 이미지일까요?"라고 대답을 찾아가는 질문을 하면 "만약 당신이라면 어떻게 하실 건가요?"라고 상대방의 생각을 끌어내면서, 상대방이 머릿속에 이미지를 그릴 수 있도록 돕습니다.

어떤 경우에도 "이런 방법으로"라고 답을 말해버리지 않도록 주의해야 합니다. 그렇게 하는 순간 그사람은 언제가 되어도 지시를 기다리는 수동적인 태도에서 벗어날 수 없을 것입니다.

게으른 사람

"하겠습니다.", "알겠습니다."라고 대답해 놓고 움직이지 않는 사람에게 '왜 못하는 건지' 이유를 따져 물으면 생각이 멈춰 버리고 오히려 역효과가 납니다. 많은 경우 이미지를 떠올리지 못한 상태로 영혼 없는 대답을 해버려서, 혼자 나중에 후회하며 고민하는 패턴입니다.

이미지가 없기 때문에 "어떻게 하지?"라고 고민하면서 다른 일에 쫓겨 정작 해야 될 일을 못하고 시간이 흘러가 버리는 것입니다.

이런 사람에게는 '수동적인 사람'과 마찬가지로, 함께 이미지를 만들어 보는 것이 효과적입니다. "하겠습니다."라고 대답하면 "어떻게 일을 진행하면 될지 이미지가 떠오르세요?"라고 질문해서 상대방의 머릿속에 이미지를 끌어냅니다. 대부분 "어떻게 진행하면 좋을지 모르겠습니다."라는 대답이 나올 텐데, "예를 들어, 이런 느낌으로 한번 해보는 건 어떨까요?"라고 힌트를 제공하면서 상대방이 이미지를 그려보도록 해야 합니다.

상대방이 너무 생각에 빠져버리는 경우에는 "실제로 일을 한다고 했을 때, 구체적으로 무엇을 어떻게 처리하는 이미지가 떠오르세요?"라고 세분화해서 질문하는 것도 한 가지 방법입니다.

이미지를 끌어내는 쪽에서 '내가 만약 저 업무를 맡게 된다고 한다면, 이런 방법으로 하면 되겠구나'라고 이미지를 떠올릴 수 있게 되는 수준으로 구체화하는 것이 포인트입니다. 그 사람에게 "한번 생각해 보세요."라고 생각을 완전히 떠맡기면 또 "그렇게 하겠습니다.", "알겠습니다."라고 말만 하는 악순환이 반복되기 때문에, 직접 이미지를 그릴 수 있도록 옆에서 도와주는 것이 중요합니다.

회사 내의 방해꾼을 다루는 법

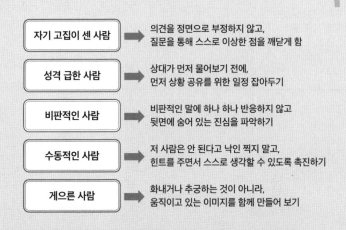

자기 고집이 센 사람 ➡	의견을 정면으로 부정하지 않고, 질문을 통해 스스로 이상한 점을 깨닫게 함
성격 급한 사람 ➡	상대가 먼저 물어보기 전에, 먼저 상황 공유를 위한 일정 잡아두기
비판적인 사람 ➡	비판적인 말에 하나 하나 반응하지 않고 뒷면에 숨어 있는 진심을 파악하기
수동적인 사람 ➡	저 사람은 안 된다고 낙인 찍지 말고, 힌트를 주면서 스스로 생각할 수 있도록 촉진하기
게으른 사람 ➡	화내거나 추궁하는 것이 아니라, 움직이고 있는 이미지를 함께 만들어 보기

감정적으로 반응하지 않고, 상대방의 머리를 움직이는 것에 집중하기!

에필로그

책의 서두에서 '어떻게 하면 고객 창조를 위한 회의를 할 수 있을까?'라는 질문의 답을 찾아 나가는 것이 이 책을 쓴 이유라고 밝혔습니다.

마지막까지 읽어보신 후에 어떤 생각이 드셨나요? 위 질문의 답을 찾으셨다면 저에게는 큰 기쁨입니다.

일본인과 회의에는 밀접한 관계가 있습니다.

쇼토쿠 태자의 '17개조 헌법'이나 메이지 시대의 '5개조 서약문'에는 의논을 통해 바른 길을 찾아가는 것의 중요성이 적혀·있으며, 시부사와 에이이치, 마츠시타 고노스케, 도코 도시오와 같은 역사적 인물들은 회의를 잘 활용함으로써 조직을 한 방향으로 이끌고, 미래를 개척해 왔습니다.

이처럼 사람들에게는 회의를 통해 집단지성을 발휘하고, 혼자서는 만들어내지 못하는 가치를 함께 만들어 내고자 하는 성질이 있습니다. 하지만 지금의 사회를 보면, 국가나 사회, 가족에 이르기까지 개개인이 뿔뿔이 흩어져 자기 생각만 주장하느라 발맞추기가 어려운 광경을 자주 목격하게 됩니다.

사실 이와 같은 현상이 자연계에도 존재합니다. 여러분도 잘 알고 계시는 레이저입니다.

레이저LASER는 'Light Amplification by Stimulated Emission of Radiation'의 머리글자를 딴 것으로, 보통 때에는 뿔뿔이 흩어져서 움직이던 원자나 분자를 한 방향으로 움직여서, 빛을 증폭시켜 강하고 아름다운 빛을 만들어 내는 기술입니다.

선조들이 남긴 지혜처럼, 우리는 통신이나 의료, 공업 등 다양한 분야에서 레이저의 지혜를 활용하고 있습니다.

저는 학부와 대학원에서 레이저에 관한 이론과 기술을 연구했습니다. 사회에 나와서 회의를 빈번하게 진행하게 된 후에 '레이저'와 '회의'가 닮아 있다는 것을 계속 느끼고 있었습니다. 레이저도 회의도 보통 때는 뿔뿔이 흩어져 있는 것을 하나로 모음으로써 세상을 바꾸는 힘을 만들어 낼 수 있기 때문입니다.

점점 더 개별화되어 가고 있는 지금의 사회를 한 방향으로 정렬하고 싶다는 생각으로, 저는 이 책을 '회의 이론서', '실전 회의 스킬'이라는 생각으로 썼습니다.

그렇다고 해도 어디까지나 제 개인적인 경험을 체계화한 것에 지나지 않으며, 진정한 의미에서의 이론서나 스킬을 다루는 책과는 거리가 멀 수도 있습니다.

그렇게 생각하신다면 제 '초안'이 아직 미숙하다고 생각해 주시고, 여러분이 제대로 된 방법으로 두뇌를 움직이고, 주변 사람들의 두뇌도 빌려서 더 강력한 '가설'을 만들어서 실행, 검증, 개선해 주시면 좋겠습니다.

평소에는 뿔뿔이 흩어져 움직이는 원자나 분자가 한 줄기의 강력하고 아름다운 빛을 뿜어내는 것처럼, 회의를 통해 집단지성을 활용하고, 한 명 한 명이 빛날 수 있고, 누군가가 내는 의견에 감동할 수 있는 사회를 실현할 수 있기를 진심으로 기원합니다. 그리고 고객을 창조할 수 있는 '제대로 된 두뇌 활용법'을 미래에 남겨줄 수 있으면 좋겠습니다.

다카하시 데루유키